THERMEN DER SCHWEIZ

THERMEN DER SCHWEIZ

Fotos von
Jost Camenzind

Texte von
Hans Peter Treichler
Otto Knüsel
Lilian Jaeggi-Landolf
Hansjörg Schmassmann

THERMEN DER SCHWEIZ
Die Schweizer Badekurorte

Publiziert mit Beiträgen von:

Schweiz. Fremdenverkehrsverband
Migros-Genossenschafts-Bund
Pfizer AG Zürich

© OZV Offizin Zürich Verlags-AG, 1990

Beratung: Walter Wenger, Geschäftsführer Verband Schweizer Badekurorte
und Kurdirektor Baden
Lektorat: Ernst Halter, Aristau
Texte zu den einzelnen Bädern: Edith Beckmann-Müller
Bildlegenden: Hans-Peter Treichler
Gestaltung: Heinz von Arx, Zürich
Lithos: Litho and Print Production, Zürich
Satz und Druck: BuchsDruck/Buchdruckerei Buchs AG, Buchs/SG
Einband: Buchbinderei Burkhardt AG, Mönchaltorf

Printed in Switzerland
ISBN 3-907495-11-X

Inhalt

HANS PETER TREICHLER

7 Kreuzfahrt durch die Vergangenheit

11 Badealltag anno dazumal

23 Schweizer Bäderlandschaft

47 Bädermedizin: Wie gesund macht der Gesundbrunnen?

55 Demokratischer Zuber: Die Badestube

JOST CAMENZIND

64 Eine Badereise durch die Schweiz

OTTO KNÜSEL

161 Die Grundlagen und Wirkungsmechanismen der Balneologie

LILIAN JAEGGI-LANDOLF

171 Bädermedizin heute

175 Badekuren für Gesunde

HANSJÖRG SCHMASSMANN

177 Geologie und Beschaffenheit der schweizerischen Mineral- und Thermalwässer

KARL KUNZ

191 Heilbäder und Krankenkassen

Kreuzfahrt durch die Vergangenheit

Hans Peter Treichler

Under dem imbissessen sagt mein vatter zuo meiner frauwen: «Madlen, ich wolte, dass du mit mir zugest und ein badenfahrt in Wallis hieltest…» Der dies erzählt, heisst Felix Platter. Er hat im Jahre 1563 eben den Doktorhut der Medizin errungen. Sein Vater, der einstige Walliser Hüterbub und jetzige hochgeachtete Gelehrte, sieht die vorgeschlagene Reise wohl als kleine Aufmunterung nach den überstandenen Examenstrapazen, unter denen das junge Ehepaar zu leiden hatte. Dass er ausgerechnet eine Badekur spendieren will, ist in dieser Epoche beileibe nichts Aussergewöhnliches: Die jährliche Badenfahrt gehört in der Eidgenossenschaft seit dem 15. Jahrhundert zum Freizeitrepertoire des bürgerlichen Standes. Wer immer sich die oft aufwendige An- und Rückreise sowie die Kosten für drei Wochen Beherbergung leisten konnte, zog im Frühjahr oder im Herbst in eines der unzähligen *Bedli* des Alpengebietes oder der Jurahänge – und dies oft mitsamt dem Hausgesinde, ja sogar einem Teil des eigenen Hausrats. Denn in vielen kleineren Kurorten musste sich die Familie mit einem oder zwei karg möblierten Zimmern begnügen und sich das Essen selbst zubereiten, wofür eine meist überfüllte Gemeinschaftsküche bereitstand. Gesundheitliche Motive spielten längst nicht für alle Gäste eine Rolle. Das gemeinschaftliche Baden in grossen, gemauerten Bassins oder in Badehallen mit ganzen Reihen von Zubern oder Wannen war ebensosehr eine gesellschaftliche Angelegenheit. Vergnügungssüchtige Bürgersfrauen zeigten sich beim abendlichen Tanz in den aufwendigen Garderoben, die sie im Heimatstädtchen wegen der strengen ratsherrlichen Vorschriften nicht zu tragen wagten. Mütter hielten nach einer guten Partie für ihre Töchter Ausschau, Junggesellen oder alleinreisende Ehemänner hofften auf amouröse Abenteuer, die sich in der lebensfrohen Atmosphäre des Kurbades viel leichter anzetteln liessen als anderswo. In den Thermen von Baden AG, Pfäfers, Lavey, Leukerbad oder Schinznach hielt man sich täglich bis zu zehn Stunden im Heisswasserbassin auf und vertrieb sich die Zeit mit allerhand Lustbarkeiten. Holzschnitte und Gemälde der Renaissance zeigen schwimmende Tablette, beladen mit funkelnden Zinnkrügen und mächtigen Schinken; manche Badegäste spielen Karten, andere singen oder lauschen den munteren Weisen, die ein paar Musikanten am Bassinrand zum besten geben.

Kurz: in Briefen, Tagebüchern und Reiseschilderungen erscheint das Kurbad als säkularisierter Wallfahrtsort, dessen Alltag dem Volkskundler ebenso reiches Material liefert wie dem Forscher der Medizin- und der Sittengeschichte. Hier brach der Bürger der Städtchen und Städte aus dem streng geregelten Alltag aus, der durch Aufwandmandate und rigorose Sittenstrenge bis ins Detail festgelegt war. Zudem versprach das mineralisierte Wasser der Heilquellen Genesung oder wenigstens Besserung von langwierigen Krankheiten. Kein Wunder also, dass Augenzeuge Poggio Bracciolini, der im Jahre 1417 das aargauische Baden besucht, geradezu von einem Paradies auf Erden spricht: Männlein und Weiblein würden sich hier halbnackt im Wasser tummeln, ohne dass es deswegen zu Ausschweifungen käme; überall herrsche der Frohsinn, die heitere Miene vor. *Wunderbar ist es, zu sehen, in welcher Unschuld sie leben. Bald glaube ich, dies sei der Ort, wo der erste Mensch geschaffen worden, den die Hebräer Gan Eden, das ist «Garten der Wollust», nennen.*

Rund um die Entdeckung vieler wundertätiger Quellen ranken sich Sagen und Legenden. Oft führen Tiere, die auf geheimnisvolle Weise von einer Erkrankung genesen, den Menschen auf die Spur des verborgenen Borns. Oder dann künden rätselhafte Träume einem Glückskind den Standort der heilenden Quelle; mitunter ist es sogar die Muttergottes, die einem kranken Erdenbürger die wundertätige Quelle zeigt. Wie denn überhaupt das Ein- oder Untertauchen beim Baden seine Entsprechungen in heidnischen und christlichen Ritualen findet: das Heilbad als Beweis für eine übernatürliche Instanz, die dem Menschen Linderung seiner Schmerzen verspricht.

Die umfangreiche Bäderliteratur, die seit dem 16. Jahrhundert erscheint, zieht noch weitere Kreise. Es gibt geheimnisvolle Entsprechungen zwischen den im Wasser gelösten Mineralien, den Heilkräutern des Bodens und den menschlichen Körperorganen. Naturphilosophen wie Paracelsus, der eine Zeitlang in Pfäfers als Badearzt arbeitete, ordneten die Sternbilder den einzelnen Quellen und den menschlichen Temperamenten zu, sahen verborgene Parallelen zwischen den Körpersäften und den «Säften des Bodens». Diese Art von Astromedizin wies beispielsweise dem Melancholiker den Frühling und dem Sanguiniker den Herbst als geeignetste Kurperiode zu; das Baden im Winter aber *möcht dem colerico, als dem schwartzen oder brunen dürren man, mit krusem har zugelassen werden* – so jedenfalls im Jahre 1516 der Balneologe Alexander Sytz.

Einzelne Bäder galten – so wie gewisse Kirchen – während Jahrhunderten als Zufluchtsort im juristischen Sinn. So erhob im Jahre 1491 der Rat von Solothurn das Bad von Lostorf zur Freistatt: Kein Gesetzesbrecher durfte innerhalb der Dachrinnen des Badehauses gefangengesetzt werden. Aus der gleichen Zeit stammt die Einführung des Geleitbriefs für das Bad Pfäfers. Wer seiner Gesundheit wegen eines der Bäder in den eidgenössischen Vogteien aufsuchte, erhielt freies Geleit zugesichert – eine Vergünstigung, die man aus politischen Gründen aber auch wieder aufheben konnte. So kündete der Abt von Pfäfers einem gewissen Jörg Gossenbrot die diplomatische Immunität auf – was prompt zum Ausbruch des Schwabenkriegs von 1499 mit beitrug. Mitunter setzten auswärtige Instanzen auch Druck auf – wie 1620 im Falle des böhmischen Revolutionärs Freiherr von Tieffenbach, der sich im Pfäferser Bade in Sicherheit wähnte, auf Druck des Erzherzogs Leopold von Österreich aber schliesslich ausgeliefert wurde.

Die Kurvorschriften dieser Jahrhunderte zeugen von medizinischen Anschauungen, die vor allem die Quantität in den Vordergrund stellten. Manche Badegäste harrten bis zu zehn Stunden täglich im Thermalwasser aus und brachten so flotte zweihundert Badestunden in einer vierwöchigen Kur unter. Der stete chemische und thermische Reiz durch das Wasser führte zu Entzündungen der Haut, die schliesslich gleichzeitig an den verschiedensten Stellen «aufbrach»: auch dies aber ein erwünschter Effekt. Der geschundene Badegast war also meist gezwungen, an die Rosskur eine Nachbehandlung anzuhängen: Zum «Ausbaden» und Kurieren der Entzündung schloss er eine einwöchige Kur in weniger kräftigem Quellwasser an.

Dass dieses «Ausbaden» heute noch in der Redensart «eine Sache ausbaden» weiterlebt, zeigt deutlich, in wie viele geistes- und wissenschaftsgeschichtliche Winkel unseres Kulturlebens uns die gute alte Badenfahrt von einst führt. Sprachformeln für den Philologen und Entdeckersagen für den Volkskundler, Kurregeln für den Medizinhistoriker und juristische Spitzfindigkeiten für den Gesetzeskundler, allerlei Gesellschaftliches für den Soziologen, Quellentheorien für den Geologen: Wo man hinlangt, wird die Sache interessant.

So farbig, so abenteuerlich und lebensfroh zeigte sich die Badenfahrt freilich nur für etwa drei Jahrhunderte – grob geschätzt für die Zeit von 1400 bis 1700. Ab diesem Datum schränkten behördliche Vorschriften die alte Nackedei-Herrlichkeit fast überall ein. Medizinische Erwägungen wurden immer wichtiger – vor allem im 19. Jahrhundert, als fabrikähnliche Kuranstalten das Idyll von einst zur Industrie machten, als Dutzende grosser Mineral- und Kurbäder die ersten Wellen des Massentourismus ins Land brachten. Erst in jüngster Zeit besinnt man sich allerorten auf den lebensfrohen Aspekt der Badenfahrt von einst. Wo das Äussere der Schwimmhallen bis vor kurzem vom Krankenkassenernst der Klinik zeugte, besinnt man sich heute wieder auf frohe Farben, auf die Bedürfnisse der Geselligkeit und den positiven Wert der Abwechslung; sogar das schwimmende Tablett von einst feiert hier und dort Auferstehung. Wenn sich unser historischer Rückblick in vier Teilen vielleicht sogar als Anregung zur Vermenschlichung des Kurbetriebs auswirkt, hat er seinen Zweck erfüllt...

Badealltag anno dazumal

Modeschau und Heiratsmarkt: die Badenfahrt

Eines hatten die Bräute des bürgerlichen Zürich um 1500 mit den gestrengen Chorherren des Grossmünsterstifts gemein: Hier wie dort wollte man um keinen Preis auf die jährliche Fahrt ins nahegelegene Aargauer Städtchen Baden verzichten. Manche Töchter aus wohlsituierten Familien brachten die Sache schon vor dem Heiratstermin auf den Punkt. Der Zukünftige musste sich bereits im Heiratskontrakt verpflichten, die bessere Hälfte jährlich auf drei Wochen ziehen zu lassen – ob mit seiner oder ohne Begleitung. Wie denn nach landläufiger Meinung überhaupt fast immer der weibliche Teil auf die Fahrt zu den heilenden Quellen pochte – auch wenn die Finanzen mehr Zurückhaltung auferlegt hätten. Das zeigt jedenfalls ein populärer Vers der Zeit:

Der Mann schafft Tag und Nacht, badt in seynem Schweiss,
Alles die Frau verzehrt im Bad mit Fleiss.

Die Chorherren ihrerseits verankerten die jährliche Reise als «Herbstbad» in ihrem Anstellungsvertrag und zogen ihren bezahlten Urlaub regelmässig ein, mitunter zum Ärger ihrer Vorgesetzten. Denn in Baden wehte ganz einfach eine andere Luft. Während der Rat zu Hause die wechselnde Kleidermode mit beamtenhafter Präzision verfolgte und ausländische Neuerungen prompt erst einmal in Acht und Bann tat, kümmerte sich im katholischen Baden niemand um solche Details. *Von Wollust, Hoffarth und Pracht wegen* würden die braven Bürger ins Bad ziehen, wettert der Satiriker Jakob Graviseth, *dann ihrer viel mit dem, was sie daheim nit tragen dörffen, daselbst prangen, ja auch etliche Kleyder und Kleinodien entlehnen, damit sie desto besser angesehen werden*. Die Basler, Berner oder Zürcher Bürgersfrau, die auf sich hielt, hatte zu Hause ihre Badetruhe stehen. Hier lagerten das Jahr hindurch all die pelzverzierten Hüte, tiefausgeschnittenen Röcke und spitzenbesetzten Strümpfe, die man auf den Strassen der Heimatstadt nicht zeigen durfte, die man aber aufs jährliche Frühlings- oder Herbstbad hin auslüftete.

Wer gerne tanzte oder gerne beim Wein sitzenblieb, kam ebenfalls erst im Badeurlaub auf seine Rechnung. Denn städtische Mandate regelten das gesellschaftliche Leben bis ins kleinste Detail. Wer die karg bemessenen Öffnungszeiten der Gaststätten überschritt und sich erwischen liess, zahlte eine saftige Busse. Selbst wer zu Hause im Freundeskreis allzu lange beim Wein sitzenblieb, wurde gebüsst, wenn ein

Sittenwächter durch eine Indiskretion vom häuslichen Stammtisch erfuhr. Die Aufwandmandate der Ratsherren regelten sogar den Ablauf einer Hochzeitsfeier: Soundsoviele Gänge durfte das Festmenü aufweisen, soundsoviele Stunden lang das Tanzbein geschwungen werden; ja selbst die Anzahl der Musikanten und ihre Entlöhnung waren peinlich genau festgelegt. Dass diese vor allem in den protestantischen Orten geltenden Einschränkungen die Autarkie des Gemeinwesens und seine wirtschaftliche Stabilität förderten, steht auf einem anderen Blatt. Tatsache ist, dass in den Kurbädern mit grosszügigeren Ellen gemessen wurde. Da liest man von Weinbruderschaften, die sich jährlich in der gleichen Zusammensetzung versammelten und dank allerlei spassigen Regeln die Weinrechnung gewaltig ansteigen liessen. Wer eine der Regeln übertrat, trank zur Strafe eine halbe Mass Wein aus: die Mass mass anderthalb Liter... Auch für die Tanzlustigen gab es kaum Einschränkungen. Bereits am Vormittag fanden sich Pfeifer, Geiger und Trommler rund um die öffentlichen Wasserbecken oder in den kleineren privaten Bädern ein; abends wurde auf dem Badener *Badmätteli* getanzt.

Auch in Liebessachen durfte man als Kurgast die in der Heimat geltenden Hemmschwellen für einmal überklimmen – es brauchte ja nicht gleich so handfest zuzugehen, wie dies ein volkstümlicher Reim suggeriert, der auf die angeblich empfängnisfördernden Quellen von Leukerbad und Baden anspielt:

> *Das Weib zog hin auf des Mannes Rath;*
> *weiss nicht, wie es ging, gut war die Stund:*
> *Schwanger ward das Weib, die Magd und der Hund.*

Dass die Begriffe Bad und Eros eng verknüpft waren, erstaunt angesichts der nur spärlich bekleideten Badegesellschaften, welche die zeitgenössischen Bilder zeigen, kaum. Aber selbst noch im sittenstrengen 19. Jahrhundert setzte sich die erotische Tradition des Kurbades fort: Das Kurbad war Heiratsmarkt sowohl für Glücksritter wie für schwer zu verheiratende Töchter. Keine andere Geschichte schildert diese Konstellation so schön wie Gotthelfs *Ueli der Knecht*, wo die un- und eingebildete Bauerntochter Elisi im Gurnigelbad von vornehmtuenden männlichen Gästen ihrer Plumpheit und Affektiertheit wegen verlacht wird. *Das Ding nahm aber eine etwas andere Farbe an, als man vernahm, das schwefelgelbe Ding sei Erbin von mindestens hunderttausend Pfund; man betrachtete es nun mit anderen Augen und kriegte eine Art Respekt vor ihm. Hunderttausend Pfund, pardieu, sind keine Kleinigkeit! Wenn die Herren beisammen waren, so war der gleiche Spott da, und jeden Abend ging ein neu Geschichtlein von Elisi herum. Dem hatte es erzählt, wieviel Mänteli es habe und wieviel Glöschli; ein anderer wusste, woher sie ihr Schmöckwasser hätte kommen lassen; ein dritter brachte eine Krankheitsgeschichte zum Vorschein; ein vierter war darübergekommen, dass ds Elisi nicht wusste, in welchem Lande es wohnte. Wenn aber die Herren alleine waren, jeder für sich, so dachte mancher an die hunderttausend Pfund, stellte sich vor den Spiegel, drehte den Schnauz, warf sich forsche Blicke zu und dachte: ein schöner Kerl sei er noch, aber es sei Zeit, dass er an Schermen komme, machte sich dann Pläne zu einem Feldzug auf die hunderttausend Pfund.*

Dass «ds Elisi» den windigsten unter all diesen Windbeuteln und Glücksrittern erwischt, zeugt von der Scheinwelt, die das Kurbad noch in dieser letzten historischen Phase herstellt: Das Bad dient nicht nur als Ventil für die durch behördliche Massnahmen zurückgedämmten Emotionen; es stellt gleichzeitig einen illusionären Raum bereit, in dem die Werte des Alltags an Bedeutung verlieren.

«Ehrbarkeit und Züchtigkeit»: die Baderegeln

Am 3. Mai 1603 setzt Abt Michael vom Benediktinerkloster Pfäfers seine Unterschrift unter ein längliches Schriftstück. Seit Jahren wird «sein» Bad, die 37 Grad heisse Therme in der Taminaschlucht, in aller Welt schlechtgemacht: Es herrsche hier keine Ordnung, die Gäste gäben sich ungestraft der Völlerei und der Unzucht hin. Auch wenn die Vorwürfe stark übertrieben sind – es muss etwas geschehen. Die zehn neuen Regeln, die er hat aufsetzen lassen, werden dazu beitragen. Sie geben Badmeistern und Badknechten klare Anweisung, wo sie eingreifen müssen und welche Vergehen wie gestraft werden. Uns Nachkommen aber geben sie einen detaillierten Einblick ins Badeleben: Alles, das man verbieten muss, kommt ja irgendwann auch mal vor.

Dass es in Pfäfers übrigens etwas rauher zugehen mochte als anderswo, hatte bestimmt mit der abenteuerlichen Lage der Badeeinrichtungen zu tun. Man hatte Gasthaus und Bassin gleich am Austrittsort der Quelle erbaut, tief in einer finstern Schlucht, in die man nur auf einem schwankenden Steg, allenfalls noch durch Abseilen vom oberen Schluchtrand her, gelangte. In den düstern Badegemächern, in die kein Sonnenstrahl fiel, herrschte ein anderer Umgangston als beispielsweise in den lichtdurchfluteten Räumen des schlossartig aufragenden Bades Schinznach.

So muss gleich der ersten Paragraph Schlägereien und Messerstechereien verbieten, die offenbar recht häufig vorkommen. Abt Michael erlegt jedem eine Busse von einem Pfund auf, *der zuo dem anderen mit der fuust schlahe.* Vor Gericht gestellt wird, wer ein Messer oder andere Waffen zückt. Überhaupt dürften die Gäste gar keine Waffen mit ins *tobel* – also in die Schlucht – nehmen, ausser einem Degen. Und auch den müssen sie dem Wirt bis zum Ende der Kur zum Aufbewahren übergeben.

Zweitens: Im Wasser bitte nicht spritzen, auf keinen Fall ins Wasser springen. Verletzt man dabei einen Mitgast, so ist auch hier der Richter zuständig.

Zwei Pfund Busse erhält aufgebrummt, wer ins Bad kotzt oder das Wasser sonst *mit nothurfft und unrath* verunsäubert. Auch wer sein Geschäft rund um die Häuser in der Schlucht verrichtet, wird gebüsst, *damit ettwan solcher unrätlicher gstanck oder geschmackh vermitten blibe.* Die Badsatzung fordert hier geradezu zum Denunziantentum auf: Wer einen Mitgast anzeigt, der ins Wasser pinkelt, kriegt das Badgeld erlassen.

Viertens muss die Belästigung tugendsamer Frauen und Jungfrauen endlich aufhören. Am liebsten sähe man es ja, so schreibt Abt Michael, wenn weibliche und männliche Gäste in getrennten Becken baden würden. Da die Platzverhältnisse dies aber nicht erlaubten, sei jeder unsittliche Übergriff streng zu verfolgen. Mit zwei Pfund Busse bestraft man alle Ungebühr gegen Weibspersonen, die *weder mit unzüchtigem betasten noch mit üppigen und unschamperen worten oder geberden* beleidigt werden dürfen.

Fünftens: keine Entblössung im Bad, überhaupt kein liederlicher Lebenswandel. Vor allem will man Prostitution und Zuhältertum unnachgiebig verfolgen.

Sechstens: Niemand soll zum Trinken genötigt oder aufgefordert werden, wie denn überhaupt im Umgang mit dem Wein Zurückhaltung geboten ist. Wer in angetrunkenem Zustand flucht oder Gäste beleidigt, zahlt zwei Pfund Busse. Kommt es gar zu einer Schlägerei, wird der Rechtsweg beschritten, wobei die Trunkenheit nicht als mildernder Umstand gelte: *und wirt als dan keinen hälffen mögen, das er sage, er seye voll win gewässen.*

Zum siebten ist jede Propaganda von seiten der Protestanten untersagt, ebenso das Singen deutscher Psalmen (offenbar gibt es keine Bekehrungsversuche von seiten der Katholiken). Was das Singen anbelangt, so beschränke man sich auf ehrbare geistliche oder weltliche Lieder, die man in mässiger Lautstärke anstimmen darf. Busse droht dem, der in *iolen unnd gschrey* ausbricht, so dass man sein eigenes Wort nicht mehr höre, was doch *sonderlich denen blöden häüpteren* Verdruss bereite.

Wenn der Badmeister morgens und abends zum Beten läute, soll – so die achte Regel – jedermann ruhig beten. Die Baderegeln Abt Michaels suchen sogar den Inhalt des Gebets zu regulieren: Der Gast solle nicht bloss Gesundheit für sich erbitten, sondern dem Schöpfer für die Himmelsgabe des Heilwassers danken.

Etwas geschraubt gibt sich die neunte Regel – kein Wunder, denn es gilt in Pfäfers die Standesgleichheit, die umgekehrt aber nicht überborden soll. Zwar komme die herrliche Gottesgabe Reichen und Armen, Einheimischen und Auswärtigen gleichermassen zugute, und jedem, der sich an die Badsatzung halte, sei ein Platz im Bassin sicher. Trotzdem könne man nicht dulden, dass Standespersonen von gewöhnlichen Bürgern an die schlechteren Plätze verdrängt würden. Der Badmeister habe Anweisung, den Gästen gemäss ihrem Stand die Plätze zuzuweisen, so *dass ein yeder gelosieret werde nach siner würde unnd nit nach eines yedten muothwillen.*

Zehntens stellt die Badsatzung alle weiteren Vergehen in Gestalt von Frevel, Mutwillen oder Ungebühr unter Strafe. Sollten sich Übeltäter den Anweisungen der Aufsichtspersonen nicht fügen, so müssten die anderen Badgäste mithelfen, die Fehlbaren festzunehmen.

Insgesamt zeigt die Pfäferser Badeordnung ein recht abenteuerliches Bild vom Alltag im Bad. Freilich brachte das 18. Jahrhundert feinere Sitten. In Pfäfers brauchte sich übrigens auch niemand mehr in die finstere Schlucht vorzuwagen: Man leitete das Wasser zum Eingang der Schlucht, wo man ein stattliches Gebäude errichtet hatte.

Kochlöffel und Silberbecher: das Badschenken

Zurück ins 16. Jahrhundert, als sich rund um die Badenfahrt ein neuer Brauch entwickelte: das Badschenken. Vor allem in Städten wie Bern, Basel oder Zürich war es eine gern geübte Sitte, den ins Bad reisenden Freunden einen Korb voll nützlicher oder schmackhafter Andenken mitzugeben: Pomeranzen, Lebkuchen, Fische, dazu eine Flasche guten Weins. Da viele Kurgäste am neuen Ort den Haushalt selbst besorgten, nahmen Haushaltgeräte einen wichtigen Platz ein. Mitunter begleitete man die Gabe mit einem neckischen Gedicht. Ein solcher Scherzreim stammt aus dem Basel des Jahres 1500. Da erhalten zwei – oder mehrere – weibliche Reisende offenbar von ihren Freunden oder Verehrern eine vollständige Haushaltung: zwanzig Teller und zwölf Senfschüsselchen, dazu Schaumlöffel, Salzfass und Hackmesser. Die Freunde haben auch an die weibliche Eitelkeit gedacht und allerlei Kosmetika beigelegt: vom Schwamm über den Schwammbehälter bis zur Schere zum Entfernen der Körperhaare:

Ein strel hand wir darzuo geleyt,
Ein kachel und ein badschwammen,
Und woltend Ir üch nit beschammen,
So bruchent das scherlin, were es nott;
Ir wissent, wo daz hor stott.

Aber aus den freundschaftlichen Geschenken entwickelten sich bald versteckte Abgaben, eine Art Quasi-Steuer, die manchen Zinspflichtigen an den Rand des Ruins brachte. Aus den Lebkuchen und Pomeranzen wurden teure Naturalgaben – so wenn die Bürger von Stadt und Landschaft Zürich dem Bürgermeister Diethelm Röist im September 1534 einen lebendigen Ochsen nach Baden brachten. Aus den lustigen Gaben zum improvisierten Ferienhaushalt entwickelte sich der obligate Silberbecher, den man hochgestellten Persönlichkeiten ins Herbstbad verehrte. So zieht der Zürcher Antistes Bullinger im Herbst 1580 ins Gyrenbad und erhält gleich von den Zürcher Räten, den Zürcher Zünftern und der Stadt Winterthur je einen silbernen Becher.

Umgekehrt bedachten natürlich auch die Kurgäste ihre zu Hause gebliebenen Freunde und Verwandten mit allerlei Mitbringseln – nur dass sich dieser Brauch nie zur ruinösen Institution mauserte. Während das schwefelgelbe Elisi aus Gotthelfs *Ueli der Knecht* bloss ihre Verehrer im Kopf hat, weiss ihre Mutter, was sich schickt: Wer im Gurnigelbad kurt, bringt für Familie und Dienstboten ein Andenken mit. So macht sich denn die Glunggebäuerin ans Einkaufen oder Kramen: *Die Mutter wollte erst nur für die Hauptpersonen etwas kramen. Aber wenn sie für dieses gekramet hatte, so dauerte sie jenes, wenn es nichts bekäme; und hatte sie für dieses etwas, so kam ihr ein drittes in den Sinn, und als sie einmal über die Hälfte aus war, so dünkte es sie, es wäre wüst von ihr, wenn sie nicht für alle etwas hätte.* Schliesslich wird der Paketesegen so gross, dass man ihn kaum mehr in der kleinen Kutsche unterbringt; die verwöhnte Elise muss eine unbequeme Fahrt zwischen den Paketen überstehen.

An einzelnen Orten entwickelten sich Standardgeschenke – so etwa im aargauischen Baden, wo um 1550 das *Badtruckli* als klassisches Mitbringsel in Mode kam. Es handelte sich hier um reich bemalte Kästen aus Fichten- oder Tannenholz; wer dem Beschenkten besonders wohl wollte, füllte sie mit allerlei süssen Waren oder kostbar bestickten Taschentüchern.

Eine ganz andere Wendung gab der grosse Schweizer Satiriker des 17. Jahrhunderts, Johann Grob, dem Thema «Bäderkram» – auch hier wieder ein Hinweis auf das Klima der Leichtlebigkeit, das die Heilquellen offensichtlich förderten:

> *Wann der Frauen Bader-Cur*
> *und die liebe Zeit verflossen,*
> *Dann so geht das Kramen an;*
> *freuet euch, ihr Hausgenossen.*
> *Knecht und Magd ist unvergessen,*
> *auch der Nächstgesess'nen Schar;*
> *Hat der Mann dann nichts zu hoffen?*
> *Ja, ein schönes Hörnerpaar!*

Der Jungbrunnen

> *Und in dem Schneegebirge,*
> *da fliesst ein Brünnlein kalt.*
> *Und wer des Brünnleins trinket,*
> *wird jung und nimmer alt.*

Schon im Mittelalter tauchte das Motiv in der abendländischen Volksdichtung auf: An einem geheimnisvollen, abgelegenen Ort quillt ein wundersamer Brunnen aus der Erde; wer in seinem Wasser badet, gewinnt die ewige Jugend. Bezeichnend ist nun, dass dieser Mythos gerade zur Zeit der Renaissance neue Sprengkraft gewinnt – als Parallele zur wachsenden Popularität des Badewesens. Im reinigenden Ritual, aus dem man gestärkt und beschwingt hervorgeht, sieht der Mensch der Zeit um 1500 einen Ausdruck seines Lebensgefühls. Wissenschafter und Forscher haben neue Denk- und Lebensräume erschlossen; dank dem eben entdeckten Buchdruck verbreitet sich neues Wissen in Windeseile. Die portugiesischen und spanischen Seefahrer haben einen riesigen neuen Kontinent durchforscht, wo sagenhafte Reichtümer auf den Mutigen warten. Kurz – das Abendland ist in ein Verjüngungsbad eingetaucht, hat neue Kräfte für die Zukunft geschöpft. Um 1540 malt Lukas Cranach der Ältere den sagenhaften Jungbrunnen. Fuhrwerke und Schubkarren am linken Bildrand bringen alte Frauen zu den Stufen eines marmornen Bassins. Je weiter sie zur anderen Seite vordringen, desto glatter und straffer wird ihr Körper, desto mehr glänzt das Haar und

Als «Wichlenbad bei Elm», als «Gebirgsbad», als «Jungbrunnen» taucht dieser Holzschnitt in der Ikonographie des 16. Jahrhunderts auf. Er fängt einige wichtige Aspekte des Wildbades beispielhaft ein, so die entlegene Situation, den Einklang von Bad und Natur.

funkeln die Augen. Wer die Stufen heraufsteigt, die zum wundersamen Bassin hinausführen, wird von feschen Rittern empfangen und zum Liebesspiel in ein prächtiges Zelt oder ganz einfach hinter den nächsten Busch geführt, während sich bereits erschöpfte Pärchen an einer reichgedeckten Tafel für neue Aufgaben stärken oder sich auf dem Rasen zum Klang der Flöten und Trommeln im Tanze drehen.

Dass Cranachs Allegorie – so wie Aberhunderte zeitgenössischer Holzschnitte – die Vorstellung der ewigen Jugend mit dem Heilbad verknüpft, kommt nicht von ungefähr. Das neue Lebensgefühl der Ära preist die unmittelbaren, handgreiflichen Genüsse des Lebens, die Freuden der Liebe und der Tafel, die Schönheit von Musik und Tanz, die Geselligkeit. Und nirgends sind diese Werte in der Wirklichkeit so nahe beieinander zu finden wie im Heilbad. Die Badenfahrt wird zum reinsten Ausdruck der neu empfundenen, von den Zwängen des Dogmatismus befreiten Lebensfreude.

Zum allgemeinen Gefühl des Neubeginns und des Aufblühens trug bei, dass man die grosse jährliche Badenfahrt wo immer möglich in den Frühling verlegte.

Im Meyen ist die beste Zeit
Ein Badenfahrt anstellen

dichtete bereits der Luzerner Stadtpfarrer Johann Jakob Müller. Ihm schlossen sich die meisten Autoren der populären Badebüchlein an: Im Frühjahr, wenn die Bäume und Kräuter ausschlugen, gewann auch das Wasser aus dem Schoss der Erde neue Kraft. Kam hinzu, dass der Namenstag Johannes des Täufers auf den ersten Mai fiel. Johannis galt als magisches Datum, das dem Wasser der Seen, Flüsse und Quellen verborgene Kräfte verlieh; zu Johannis waren die kleinen Landbäder wie dasjenige von Ramsach im Baselland, aber auch Treffpunkte wie Bormio oder Pfäfers gerammelt voll. *Superstition und Aberglauben* – so eine Basler Akte um 1600 – wollten, dass ein nächtliches Bad an diesem Tag besonders heilsam sei. Wer noch nicht genug hatte, tauchte am nächsten Morgen Hemd oder Leintuch ins heilkräftige Wasser und trug so die magische Kraft noch auf einige Stunden mit sich herum.

Was trägt man im Bade?

Jetzt, da das Stichwort ‹Hemd› fällt, stellt sich die Frage: Was trugen die Badegäste von damals eigentlich auf dem Leib? Wenn man den zeitgenössischen Abbildungen trauen darf, sassen Männlein und Weiblein ungeniert faselnackt nebeneinander, hüllten sich auch ausserhalb des Wassers bloss in einen leichten Umhang. Konkreten Aufschluss geben aber auch schriftliche Zeugnisse. Der junge Mediziner Felix Platter, den wir zu Anfang dieses Textes kennenlernten, traut sich nicht so recht ins Gemeinschaftsbassin von Leukerbad, weil jedermann hüllenlos herumsitzt. Schliesslich fasst er sich ein Herz. Aber kaum ist er eingetaucht, setzt sich eine offenbar etwas kokette Bekannte so nahe zu ihm hin, dass er sich geniert – im Originaltext: *Ich badete nur ein eintzig mahl, und da ich im badt sasse, kame hauptmann Peter am Biebels frauw, sett sich so noch zu mir, dass ich mich schampte...*

Gewährsmann Poggio Bracciolini, der zur Zeit des Basler Konzils im aargauischen Baden einspricht, schaut sehr genau hin: Die Männer trügen eine Art von Schürzen, die Frauen ein leinenes Gewand, das aber auf allen Seiten geschlitzt sei – weder Brust noch Schultern seien bedeckt. *Dann haben sie die artige Sitte,* weiss Poggio – immerhin ein Würdenträger der Kirche – weiter zu berichten, *dass, wenn Männer ihnen von oben herab zusehen, sie diese scherzweise um ein Almosen bitten. Wirft man ihnen dann kleine Münzen zu, die sie mit der Hand oder dem ausgebreiteten Linnengewand auffangen, werden bei diesem Spiel nicht selten auch die geheimeren Schönheiten enthüllt.* Dieses Spielchen hält sich offenbar über mehrere Jahrzehnte hinweg. Zwanzig Jahre später kommt nämlich der portugiesische Edelmann Pero Tafur nach Baden und unterhält sich köstlich – nämlich *damit, ihren Mägden Silbermünzen ins Bad zu werfen. Sie mussten untertauchen, um sie mit dem Mund aus dem Grund des Wassers heraufzuholen; man kann sich denken, was sie in die Höhe streckten, wenn sie den Kopf unten hatten.*

Ab etwa 1500 wird dann bei den Männern die *bruoch* gebräuchlich – ein Wort übrigens, das im englischen *breeches* weiterlebt. Es handelt sich um eine Baumwoll- oder Leinenhose mit Beinansatz, heutigen Shorts durchaus vergleichbar. Im 17. Jahrhundert tragen die Frauen sogenannte *Bad-Ehren:* weitausgeschnittene, leinene Schürzen. Beide Kleidungsstücke gestatten, dass die heilenden Wasser überall die Haut umspülen, ohne dass sie beim angestrebten Badeausschlag noch zusätzlich jucken.

Spätestens seit dem Jahr 1700 sind nackte Badende in den öffentlichen Bädern undenkbar. Man darf sich nun auch nicht mehr – so eine Badener Vorschrift – im Badehemd auf Strassen und Plätzen herumtreiben, sondern hat sich für den Gang ins Bad ordentlich zu bekleiden. Vollends sorgt die strenge Moral des 19. Jahrhunderts für die Bedeckung aller Blössen. Besonders lesenswert: eine Beschreibung des Leukerbades im weitschweifigen Bäderführer des Zürcher Mediziners Doktor Meyer-Ahrens, der um 1860 sämtliche bekannten Kurorte der Schweiz auflistet. Dass sich hier im Gemeinschaftsbad männliche und weibliche Kurgäste ins Bassin teilten, brauche niemanden zu beunruhigen. Erstens seien die Galerien ständig von Besuchern und Angestellten bevölkert, so dass unmöglich Unziemliches passieren könne. Hinzu komme *die lange wollene Kleidung von dunkelbrauner Farbe, die bis zu den Füssen reicht und bei den Damen noch mit einem Kragen versehen ist,* ebenso *die geduckte Stellung, in der die Badenden ins Bassin treten und hier ihren Platz wechseln.*

In der Tat zeigen die ersten Daguerreotypien vom Alltag der viktorianischen Kurbäder geradezu surrealistische Szenen. Vollbärtige Männer planschen neben gewichtigen Damen mit hochgesteckten Frisuren; beide Geschlechter sind in derbe Stoffe gekleidet, die sich rund um den Hals schliessen und bis an die Handgelenke reichen – so, als seien die Kurgäste nur eben mal vom Trottoir ins heilende Nass gestiegen...

Schwimmende Table d'hôte

Immerhin zeigen die gleichen Daguerreotypien eine sympathische Einrichtung, die wohl von der Hygiene-Hysterie des 20. Jahrhunderts verdrängt worden ist: Auf der Wasseroberfläche schaukeln dicke Bretter, auf ihnen wiederum Krüge, Schüsseln und Teller, vom erhöhten Brettrahmen gegen überschwappendes Wasser geschützt. Noch der viktorianische Kurgast also durfte sich die langen Badestunden mit einer kleinen Erfrischung verkürzen, an einem Brötchen knabbern oder sich ein Tässchen Schokolade zu Gemüte führen. Heutige Badewirte, die sich bemühen, die amüsante Zwischenverpflegung wieder einzuführen, kämpfen allerorten gegen die Windmühlen gesundheits- und wirtschaftspolizeilicher Vorschriften: Es könnten womöglich Brosamen ins Wasser fallen, Bakterien sich entwickeln...

Viel mehr leuchten da die Vorbehalte ein, welche die Mediziner von einst gegen das überall gebräuchliche Essen und Trinken im Bad machten. Schon Poggio berichtet von einem schwimmenden Tisch mit *allseitig zusammengetragenen Gerichten* – jeder Kurgast trug also in Picknickmanier zur schwimmenden Table d'hôte bei. Hans Bocks Gemälde des Leukerbads zeigt einen schwimmenden Tisch mit gefüllten Weingläsern, Brötchen und Würsten; ein selbsternannter Barkeeper schenkt Wein aus einer prächtigen Zinnkanne nach. Die Ärzte befürchteten freilich, der so belastete Magen würde den ohnehin strapazierten Organismus noch mehr belasten – hielt man sich an ihre Regeln, so tunkte man nur eben am Morgen eine Schnitte Brot in leichten Wein und fastete für den Rest des Tages.

Laurentius Phries und Alexander Sytz, zwei Balneologen des 16. Jahrhunderts, wollten vom schwimmenden Tablett nichts wissen, weil der volle Magen *die natürlich hitz von anderen glidern an sich* ziehe. Umgekehrt aber entziehe das heisse Quellwasser dem Magen die natürliche Wärme, *desshalb sich erhebet ein streit im leib / und warlich nicht ohne schaden der menschlichen natur.* Die Hitze des Wassers helfe mit, die noch unverdaute Nahrung *als roh materi im körper* zu verteilen; hier beginne sie der grossen Hitze wegen zu faulen und verstopfe die *engen weg des leibes.*

Um 1500 allgemein gebräuchlich ist die *Morgensupp* – eine kräftige Griess- oder Hafersuppe, mit der man sich für den langen Tag stärkt. Aber bereits ein paar Stunden später wird das *süpplin* zum schönfärberischen Begriff – so heisst jetzt nämlich auch die Zecherei aus vollen Weinkannen, die um zehn Uhr morgens beginnt. Manche Badeärzte des 16. Jahrhunderts raten sogar zu einem leichten Weisswein während des Badens. Dem Trinkwasser misstraut man offensichtlich – die Glieder seien noch *zu leer und zu erhitziget*; dass Wasser könnte allzu schnell resorbiert werden. Da hielten sich selbst Ärzte lieber an die Devise *Aussen Wasser / innen Wein…*

Ausgedehnte Zechgelage im Mineralbad wirken um so absurder, als ja ein Grossteil der männlichen Gäste die Kur gerade wegen der vom Alkohol angegriffenen Leber absolviert. Das Quellwasser soll ihnen helfen, Gliederzittern und Kontraktionen der Extremitäten loszuwerden – ein Krankheitsbild, das man heute als alkoholische Polyneuritis kennt. Übrigens kommen für büssende Vieltrinker sowohl Pfäfers wie Bormio im Veltlin in Frage. Von letzterem berichtet Chronist Johannes Stumpf, es sei heilsam für *vilerlei geprästen, besonders den Etschleüten, und guten zächbrüdern (die sich bey weylen an dem starcken Etschweyn abtrinckend, und daran gar contract werdend) gar wol gelegen.*

Kulinarische Fragen spielten natürlich auch ausserhalb des Bassins eine gewichtige Rolle. Michel de Montaigne, der das aargauische Baden um 1580 besucht, beschreibt das ausgedehnte Gasthaus, in dem er absteigt: Es beherbergt rund 170 Fremde, für die rund fünfzig voll möblierte Zimmer bereitstehen, daneben zählt er elf Küchen. Der Gast kann also auswählen, ob er sich sein Essen persönlich zubereiten will oder an der *table d'hôte* Platz nimmt. Er kann sich auch auf einzelne Mahlzeiten abonnieren – so auf die erwähnte Morgensuppe, die ab sechs Uhr in der Früh für alle bereitsteht. Der etwas verwöhnte Philosoph Montaigne zeigt sich von den eidgenössischen Tischsitten nicht gerade entzückt. So würden die Speisen in grossen Schüsseln auf den Tisch gestellt, jedem Gast aber bloss ein einziger Holzlöffel ausgeteilt. Damit schöpfe er sich seine Portion auf den Teller und schneide das Fleisch mit dem Messer, das jedermann auf sich trage, klein. Um die verschiedenen Saucen und Suppen nicht durcheinander geraten zu lassen, müsse man den Löffel bei jeder neuen Speise abwischen – dafür aber stehe nur ein winzigkleines, keinen halben Fuss breites Mundtuch zur Verfügung. Dieses habe sich selbstverständlich nach den ersten paar Speisen bereits völlig vollgesaugt – ein Skandal angesichts der Preise, die Montaigne als völlig überrissen schildert.

Was kosten die Badeferien?

Was uns zum handfesten Thema «Finanzen» bringt. Welchen Betrag muss der Durchschnittsbürger für seinen drei- bis vierwöchigen Kuraufenthalt einsetzen? Und was bedeutet er allenfalls in heutiger Währung? Das reguläre Badgeld, das man zur Zeit von Montaignes Besuch den Zürcher Chorherren zuerkennt, beträgt fünf Gulden – also zehn Pfund zu zwanzig Schilling zu zwölf Pfennig im komplizierten Währungssystem der Zeit (eine Krone = zwei Gulden = vier Pfund). Behalten wir als handliche Einheit den Schilling im Auge: Für einen halben bis einen ganzen Schilling bekommt man eine Mahlzeit im Gasthaus; für die Einzelübernachtung muss man zwei bis fünf Schilling rechnen. Bei durchschnittlichen täglichen Unkosten von zehn Schilling reichen die fünf Gulden also gerade drei Wochen lang.

Machen wir die Gegenprobe bei Felix Platter: In Leukerbad bezahlt ein paar Jahre vorher *ein yegliches drey kronen für 4 wochen fürs gemach und dass badt*. Da hier, wie sich zeigt, auch das Essen inbegriffen ist, beträgt der Pensionspreis pro Person und Monat also zwölf Pfund oder 240 Schilling. Wie lange muss man für diesen Betrag arbeiten? 1580 kommt ein Zürcher Hilfsarbeiter auf einen Taglohn von sieben Schilling; ein Geselle verdient acht, ein Meister neun Schilling im Tag. Selbst ein Meister musste also rund fünf Wochen arbeiten, um nur einmal die Ferienspesen für ein Familienmitglied herauszuschlagen – kein Wunder, dass man nach günstigeren Lösungen wie Selberkochen und Massenlager suchte. Für die Platters sieht die Rechnung weitaus günstiger aus. Felix hat kurz zuvor eine dreiwöchige Intensivbehandlung abgeschlossen und dabei 30 Kronen oder 120 Pfund Honorar verrechnet – ein Taglohn von sechs Pfund, der auch bei grosszügiger Anrechnung von Spesen nicht unter drei Pfund sinkt. Fazit: Der Doktor kann sich samt Familie mit Leichtigkeit jährlich eine Badenfahrt leisten, der Maurer- oder Dachdeckermeister nur bei eisernem Sparwillen und im Billig-Arrangement.

Freibäder wie diejenigen Badens sind praktisch gratis; hier verlangt der Badknecht bloss einen kleinen Beitrag an die Reinigungskosten, der aber nur acht Pfennige oder zwei Drittel eines Schillings pro Woche ausmacht. Wer so kurt, im Massenlager schläft und in den billigsten Garküchen isst, kommt gar mit zwei bis drei Schillingen im Tag aus, unterscheidet sich dafür aber nur noch unwesentlich von den Bettlern, die in allen Heilbädern gut vertreten sind und auf die Spendierlaune wiedergenesener Patienten hoffen.

Schweizer Bäderlandschaft

Es ist unser Schweitzer-Land eine reiche Gebärmutter / nicht nur der edelsten / crystall-lauteren Koch- und Trink-Wasseren / sondern auch einer grossen Anzahl mineralischen Heil- oder Gesundheit-Brünnen. So schwärmt zu Beginn des 18. Jahrhunderts der Zürcher Naturforscher Johann Jakob Scheuchzer. Für ihn spielt die *allgütige Vorsehung Gottes* mit: Der Schöpfer selbst beweist mit den gesundheitsspendenden Wassern, wie sehr er seine Geschöpfe liebt – wie denn für den Naturwissenschafter dieser Zeit ganz allgemein alle Erkenntnis dahin zielen soll, das geheime Wirken Gottes in der Natur aufzudecken. Scheuchzer zählt in der Folge gegen 150 einzelne Quellen auf: die Ausbeute einer grossangelegten Fragebogenaktion, mit der er sich in allen Teilen der Schweiz nach Besonderheiten für seine geplante *Natur-Histori des Schweitzerlands* erkundigte. Die Bäder-Geographie, die sich aus dieser ersten hydrographischen Statistik ergibt, entspricht ziemlich genau dem Bild, das die Balneologen des 16. Jahrhunderts von der Schweiz zeichneten: dichte Häufung von Mineralquellen im Kanton Graubünden, im Rhonetal und im Berner Oberland, dazu zahlreiche Heilquellen entlang den Nord- und Südhängen des Jura, gipfelnd in den bekanntesten Heilquellen des Alpenlandes, den Schwefelthermen von Baden im Aargau.

Anderthalb Jahrhunderte später beziffert der Luzerner Historiker und Staatsarchivar Theodor von Liebenau die Anzahl der schweizerischen Mineralquellen auf 609, unter denen sich angeblich *22 grössere Bäder ersten Ranges* finden. Liebenaus Sicherheit trügt – tatsächlich lässt sich die Zahl der in der Eidgenossenschaft als Heilbad genutzten Mineralquellen nur annähernd festlegen. Der bereits genannte Zürcher Balneologe Meyer-Ahrens kommt in seiner äusserst gründlichen, 1860 erstmals erschienenen Übersicht *Die Heilbäder und Kurorte der Schweiz* auf über tausend heilungspendende Quellen – darunter freilich solche, die dem Hörensagen nach irgendwann einmal in der Vergangenheit benutzt worden sind.

Die Bäderlandschaft der Schweiz ist also eine mehrschichtige Angelegenheit: Erst in der historischen Dimension wird ihr ganzer Reichtum sichtbar. Ausgesprochene Schwerpunkte sind die Bäder-Blütezeit rund um das Jahr 1500, ebenso die Wachstumsperiode 1860/1870, als binnen weniger Jahre in den Schweizer Bergen etwa dreihundert *Cur-Anstalten* entstanden, die meisten davon mit den Vorzügen einer lokalen Quelle operierend. Neben diesem Bäder-Reichtum nehmen sich die rund zwanzig schweizerischen Heilbäder unserer Zeit eher bescheiden aus. Freilich darf man die Kapazität der heutigen Anlagen dabei nicht ausser acht lassen: Die wenigen modernen Zentren weisen höhere Besucherzahlen auf als die Hunderte zerstreuter *Bedli* unserer Vorväter.

Den Beginn aber machte ein Volk, dessen Zivilisation den Umgang mit dem Wasser zu höchster Vollkommenheit brachte: die Römer. Als sie, wenige Jahre vor der Zeitenwende, das Alpenland kolonialisierten, standen ihre Thermen und Aquädukte bereits seit vielen Jahren; für den Römer bedeutete das Bad einen wichtigen Bestandteil des Lebens, ob im eigenen Land oder in der entlegenen Garnisonsstadt.

Hallenbad und Heilbad

Ja nicht verwechseln: die römischen Bädertypen *Aquae* und *Thermae*. Zu Beginn der christlichen Zeitrechnung entstanden in Rom die ersten Thermen – grosse, öffentliche Bäderanlagen mit kaltem und (künstlich erhitztem) heissem Wasser, die Sportanlagen und Konversationsräume einschlossen: eigentliche Begegnungszentren, die den römischen Alltag für fast vier Jahrhunderte prägten. Wo römische Legionäre hingegen auf naturheisse Quellen stiessen, entstanden Kurbäder mit der Bezeichnung *Aquae*, die noch heute in Städtenamen wie Aachen weiterlebt. Auf helvetischem Boden, seit der Unterwerfung der Helvetier und bis zum Zusammenbruch des Römischen Reiches von römischen Siedlern und Legionären besetzt, wurden die Quellen von Schinznach, Lostorf, Leukerbad und Yverdon genutzt. Grössere bauliche Überreste finden sich jedoch nur im aargauischen Baden, das zudem im Schnittpunkt der wichtigen römischen Heerstrassen lag: ein Kurort erster Klasse.

Den frühesten Kureinrichtungen war allerdings nur eine kurze Lebensdauer beschieden. Bereits im Jahre 69 brach ein interner Zwist zwischen römischen und helvetischen Legionen aus; Feldherr Aulus Caecinna griff das von den Helvetiern besetzte Limmatstädtchen an – ein Ereignis, dem Baden seine erste Erwähnung in der Weltgeschichte des Tacitus verdankt: *Kriegsbegierig und bevor die Reue erwachen möchte, eilte Caecinna, jede Beleidigung zu rächen. Eilfertig wurden die Lager verlassen, die Felder verwüstet und ein im langen Frieden nach Art einer Munizipalstadt erbauter, angenehmer und wegen seiner heilsamen Wasser häufig besuchter Ort geplündert.*

Schon wenige Jahrzehnte später entstand die Thermopolis unter dem Namen *Aquae helveticae* aufs neue, und bis zum Ansturm vandalisierender Hunnen und Alemannen fanden hier Generationen von Legionären und Anwohnern ihre lädierte Gesundheit wieder. Davon zeugt nicht zuletzt die umfangreiche Sammlung medizinischer Instrumente aus der Römerzeit, die die heutige historische Sammlung im Badener Landvogteischloss zeigt. Davon zeugen auch die Reste einstiger Grundmauern im heutigen Bäderzentrum – Anlagen, die während rund tausend Jahren unter Schutt und Asche geruht hatten und erst bei Reparaturarbeiten im 15. Jahrhundert zum Vorschein kamen. Bei ihnen lagen *einige alabasterne Bilder von römischen Gottheiten und eherne Münzen von Caesar, Augustus, Octavianus und Decius* – so jedenfalls der Zürcher Naturforscher Conrad Gessner.

Für das grösste Aufsehen aber sorgten ganz anders geartete ausgegrabene «Altertümer», nämlich sehr kleine, aus Knochen geschnitzte Würfel, mit denen sich offenbar römische Legionäre die Zeit vertrieben. David Hess, dessen 1818 publizierte *Badenfahrt* auch der Geschichte des Limmatstädtchens nachgeht, weiss von diesen *tesserae* oder *Badewürfeln* recht anschaulich zu erzählen: Wie man sie in grosser Zahl auf einer Wiese zu Füssen des Schlossbergs fand und daraus schloss, den römischen Soldaten sei das Glücksspiel in den Garnisons- und Baderäumen verboten worden, so dass man sich unter freiem Himmel beim Würfeln vergnügte. Schliesslich habe – so Hess weiter – eine gelehrte Schrift des 17. Jahrhunderts den Ruf der Baderwürfel in ganz Europa verbreitet, *dass sie als ausserordentliche Merkwürdigkeiten an alle bedeutenden Sammlungen des Auslandes versandt werden mussten*. Eigenartigerweise entdeckte man nun auch knöcherne Würfel an Stellen, die man bereits umgegraben hatte, so dass die Theorie aufkam, es handle sich um Produkte der Natur, die *gleich Trüffen in der Erde nachzuwachsen schienen* – dies um so mehr, als nun plötzlich auch im Gestein des Schlossbergs inkrustierte Knochenwürfel zum Vorschein kamen. All dies liess den Wert der *tesserae* so kräftig steigen, dass sich eine neue Erklärung für das Naturwunder anbot und bestätigte: Pfiffige Betrüger hatten knöcherne Würfel in grosser Zahl hergestellt und sie an strategischen Stellen verscharrt, nur um den Fund dann für teures Geld an die Antiquare verkaufen zu können.

Über den römischen Alltag in den Bädern des Limmatstädtchens lässt sich einiges rückschliessen, wenn man die Einrichtungen anderer römischer Kurbäder betrachtet – so etwa die Quellen von Aachen, dessen römischer Name *Aquae Grani* lautete (dies nach dem keltischen Wassergott Granus, der hier an der heissen Quelle verehrt wurde). Hess vermutet, in Baden sei dem Gotte Isis geopfert worden. Wer weiss – vielleicht war dem Bad auch ein Orakel angegliedert, ganz wie in Pamukkale in der heutigen Türkei, wo sich Heilungssuchende die Zukunft weissagen liessen und Ratschläge für ihre Heilung suchten. Nicht undenkbar, dass die Thermen auch ein Freudenhaus einschlossen: so wie in Ephesus, wo Archäologen staunend über ein in die Strassenpflasterung modelliertes Füsschen rätselten, das sich als Wegweiser zum in die Therme inkorporierten Bordell erwies...

Als das römische Weltreich unter dem Ansturm der nördlichen Völker zusammenbrach, gingen Hunderte grossartiger Thermen und Heilbäder zugrunde – unter ihnen die Badener Anlagen. Heilquellen und Sauerbrunnen allerorten verkümmerten, aus den kunstvollen Badepalästen der Römer holten benachbarte Bauern die Steine zum Hausbau. Erst im Mittelalter zeigten sich die ersten Ansätze zu einer neuen Bäderkultur, die diesen Namen verdiente. Und zur Zeit der Renaissance stellt sich uns die Eidgenossenschaft bereits als vielgestaltige Bäderlandschaft dar: über ein Dutzend bekannter Kurorte mit kalten und warmen Schwefelquellen, indifferenten Thermen, Jod-, Kalk- und Gipsquellen.

Die Entdeckung der Thermen von Baden AG in der Version von David Hess, dessen 1818 erschienene «Badenfahrt» mit Stichen nach eigenen Aquarellen aufwarten kann.

Renaissance-Lebensfreude in Baden

Jeder balneologische Überblick der Zeit um 1500 beginnt wieder mit dem aargauischen Baden, wo man seit der Gründungszeit der Eidgenossenschaft begonnen hatte, auf den Trümmern der Römerzeit weitläufige Anlagen zu bauen. Aus fünfzehn einzelnen Quellen sprudelte das rund 37 Grad heisse Schwefelwasser – eine Tagesmenge von einer runden Million Litern, die, sorgfältig gefasst, zu den einzelnen Gasthäusern und in das Open-Air-Freibad geleitet wurde. Links und rechts der Limmat, in Gross- und Ennetbaden, standen unterschiedlich ausgestattete Badehäuser bereit; das Städtchen selbst besoldete Badeärzte und Badeknechte, die die Fremden nach genau festgelegten Vorschriften empfingen. So war es den Beamten verwehrt, einzelne Gasthäuser zu empfehlen: Fragten Neuankömmlinge nach guter Unterkunft, so hatten sie mit der Losung *An allen Orten gleich gut* zu antworten. Weitere Paragraphen befassten sich mit der äusseren, andere mit der moralischen Hygiene: Die Badknechte sorgten dafür, dass niemand mit *herdigen* (schmutzigen) Füssen in das Freibad oder das Verenabad kletterte oder gar im Übermut Katzen, Hunde oder Schweine in die öffentlichen Bassins warf. Gleichzeitig hatten sie dafür zu sorgen, dass die überall anzutreffenden Dirnen nicht in den Privatbädern anschafften; die Kundensuche auf offener Strasse war hingegen erlaubt. Heikler wurde es, wenn sich geistliche Herren offen mit Dirnen zeigten: Kam der Gottesdiener bereits in weiblicher Begleitung an, musste er am Stadttor abgewiesen werden; schloss er hingegen auf offener Strasse Bekanntschaft, konnte ihm niemand das Schäferstündchen verwehren. Zudem brauchte der Aufseher ein geradezu phänomenales Gedächtnis. Für die Freibäder war nämlich der Aufenthalt auf vier Wochen beschränkt – bemerkte der Badknecht das gleiche Gesicht nach Ablauf dieser Frist immer noch, musste er notfalls mit Gewalt für die Abreise sorgen.

Dem Armenbad standen die Herrenbäder gegenüber – zum Teil aufwendig ausgestattete Privatgemächer in den einzelnen Gasthöfen, die Gesellschaften bis zu zwanzig Personen beherbergten. Vom Zürcher Bürgermeister Hans Waldmann, der hier in Gesellschaft lebenslustiger Begleiterinnen prasste, bis zum nüchternen Philosophen Michel de Montaigne sahen diese Räume eine bunte Folge von Adligen, Glücksrittern, Politikern und wohlhabenden Bürgern des In- und Auslandes. Vornehme Gäste bestellen ihr Lieblingsbassin – das *Schellenbad*, das *Maien-* oder das *Markgrafenbad* mit Vorteil ein paar Wochen zum voraus, *damit wenn sie kommen, dise ledig seyen, unnd vorgehnde Ehrenleut jhr badenfahrt vollendet haben.*

Schliesslich finden sich auch halböffentliche Bassins – so etwa der *Kessel*, der Platz für rund fünfzig Gäste bietet. Männlein und Weiblein sitzen hier fröhlich plaudernd und zechend beieinander, *seynd züchtig und freundtlich.* Kurz: Das Limmatstädtchen ist zu einem der grossen europäischen Bäder geworden. Sogar als Kongresszentrum zeichnet es sich aus. Kurz nachdem die Eidgenossenschaft Baden den Habsburgern abgekauft hat, verbindet man das Angenehme mit dem Nützlichen und hält die jährliche Tagsatzung – das Treffen der kantonalen Abgeordneten – im Bäderstädtchen ab. Und noch 1714 findet sich hier die Spitze des französischen und österreichischen

Schon zur Zeit der Tagsatzung dient das Badener «Mätteli» dem geselligen Kontakt und allerlei Lustbarkeiten. David Hegi zeigt den Familientreff zur Zeit der Helvetik; bemerkenswert die federballspielende Dame im hochgeschnürten Empirekleid.

Ein typisches Badener Privatbad. Eine Bediente bringt die Frühstücksschokolade, während die spielenden Kinder die Klistierspritze zur Wasserpistole umfunktionieren.

Eine demokratische Einrichtung: die öffentlichen Bäder auf dem Badener Verenaplatz. Vor den Fenstern der Gasthäuser und Privatlogis trocknet die Badewäsche; auf dem gepflästerten Platz halten Krämerinnen Erfrischungen feil.

Das Freibad und das Verenabad mit dem charakteristischen schrägen Dachaufbau, unter den man sich bei Regen flüchtete. Wohlhabende Gäste trafen sich in den hauseigenen Bädern der vornehmen Hotels; hier liefen sie auch nicht Gefahr, von Bettlern belästigt zu werden (unteres Bild, vorne rechts).

Adels ein: zum Badener Kongress, der den Friedensschluss nach einem mehrjährigen Krieg der zwei Mächte bringt. In diesem Jahrhundert steigt die Zahl der öffentlichen und privaten Bäder nochmals kräftig an: auf über hundert Etablissements.

Eine Schwefeltherme an einem benachbarten Jurahang weist ähnliche Eigenschaften auf wie diejenige Badens: die Schinznacher Quelle. Bemerkenswerterweise entwickelte sich das Dorf an der Aare aber nie zum Badestädtchen: Man begnügte sich mit einer einzigen, grosszügig bemessenen Anlage im Schlossstil, die 1694 in den heutigen Grundzügen feststand. Ebenso bemerkenswert auch die Geschichte der Hauptquelle, die bereits im Mittelalter bekannt war – und wieder vergessen wurde. Um 1650 ging ein Landvogt namens Samuel Nötinger den historischen Hinweisen nach – so etwa den überlieferten Flurnamen *Badmatte* und *Badacher* – und stiess richtig auf eine Heilquelle am Ufer der Aare, nur wenige hundert Meter vom Dorf entfernt. Man errichtete ein stattliches Badhaus, das bald eine ebenso stattliche Besucherzahl anlockte – nur dass im Dezember 1670 eine verheerende Überschwemmung die Installationen zerstörte und die Quelle erneut begrub. 22 Jahre später entdeckte der Berner Bauherr Jenner anlässlich einer Aarekorrektur den Born aufs neue und sicherte ihn durch einen Damm und eine Quelle. Obwohl Schinznach in der Folge als «vornehmes» Bad bekannt wurde, kam man den sozialen Verpflichtungen seit den Gründungsjahren mit löblichem Eifer nach: Das Schinznacher «Armenbad» entwickelte sich zur gut ausgebauten Anstalt in der Anstalt.

Die Zürcher als wichtigste Kunden der Badener Thermen waren für ihre Wasserkuren beileibe nicht auf das Nachbarstädtchen angewiesen, das sie denn auch bei politischen oder konfessionellen Spannungen zu mehreren Malen boykottierten. Allein schon auf Stadtgebiet und in unmittelbarer Stadtnähe zählte man zur Zeit Waldmanns ein halbes Dutzend mineralischer Quellen. Neben dem Bad in der Enge gab es das Röslibad und das Beckenhofbad auf der Nordseite der Limmat, ebenso die Drahtschmidliquelle beim Zusammenfluss von Sihl und Limmat – Namen, die heute keiner mehr nennt. Immer noch in bequemer Nähe lag das Nidelbad der Gemeinde Rüschlikon – eine erdig-alkalische Stahlquelle, die der bereits genannte Conrad Gessner in einer 1553 erschienenen Abhandlung erwähnt. Die Bauersleute – so Gessner – kurierten hier Krätze und Wechselfieber aus. Doch fehlte es an Unterkünften, so dass auch die Wannen, die man später im Freien aufstellte, den Kundenkreis nicht über die lokale Bauernsame hinaus erweiterten. Erst um 1720 entstand ein grösseres Kurhaus; aus dem *Bedli* von einst wuchs eine populäre Kuranstalt, die nicht zuletzt von der einzigartigen Aussichtslage der Quellengegend profitierte.

Wer hingegen die zwei populärsten Quellen des Zürcher Oberlandes besuchte, nahm einen aufwendigeren Anmarschweg auf sich, als ihn die praktische Schiffsverbindung von Zürich nach Baden bot. Das «innere» Gyrenbad am Fuss des Bachtels lag eine runde Tagesreise von der Kantonshauptstadt entfernt (wir erinnern uns an den Reformator Bullinger, der hier um 1560 einsprach und gleich drei silberne Becher als Badschenkung erhielt). Die erdige Quelle des Gyrenbades half bei Gicht und Appetitlo-

Im 18. Jahrhundert beginnen die Betreiber der einzelnen Bäder, mit Flugschriften und -blättern auf ihren Kurort aufmerksam zu machen. Vor allem hebt man die medizinischen Eigenschaften des Wassers und die ärztliche Betreuung hervor.

Um 1700 nahm die schlossähnliche Kuranlage von Bad Schinznach ihre endgültige Form an: hervorragendstes Schweizer Beispiel für eine vom barocken Feudalstil inspirierte Bäderarchitektur. Trotz äusseren Pomps gedachte man aber auch der sozial Benachteiligten. Es gab ein «Armenbad» als Anstalt in der Anstalt.

Festlich instrumentiert wird hier die Aussicht vom Nidelbad (oberhalb Rüschlikon ZH) auf den Zürichsee: ein Panorama, das einen Fanfarenstoss verdient (um 1800).

sigkeit und zog zur Zeit Bullingers Standespersonen aus der ganzen Ostschweiz an – so Bürgermeister der Stadt Zürich, Prälaten der Klöster Einsiedeln, Rheinau oder Fischingen. Bäderkundler Meyer-Ahrens, dem das schön gelegene Kurbad offenbar am Herzen liegt, bedauert, dass Gyrenbad keine Karriere machte: *Schon bald nach der Mitte des XVII. Jahrhunderts kam es aus der Mode, da die Einrichtungen den Anforderungen der Zeit nicht mehr entsprachen.*

Noch ein paar Jahrzehnte älter ist das äussere Gyrenbad, zweieinhalb Wegstunden weit von Winterthur im Tösstal gelegen. Es vermochte seine Popularität seit dem Jahre 1500, aus dem die erste Badeordnung stammt, zu halten. Hier floss eine kohlen-

Krasses Gegenstück zum Schinznacher Palast: das sprichwörtliche Landbedli. Hier wurde das Wasser einer (meist kalten) Quelle in einen bescheidenen Baderaum geleitet und auf ein halbes Dutzend Wannen verteilt.

saure, magnesiumhaltige Quelle, die bei rheumatischen und gichtigen Leiden sowie bei chronischen Hautausschlägen und bei Geschwüren half. Um die Mitte des 19. Jahrhunderts ergänzte man das Angebot mit Molkenkuren; die recht weitläufige Anlage nahm zu diesem Zeitpunkt bis zu 120 Kurgäste auf.

Als Geheimtip für die Zürcher galten weiter das Wannenbad in Stäfa am Zürichsee – hier entsprang die Quelle einer Nagelfluhwand und wurde bereits 1538 in ein Badehaus geleitet –, das Bad zu Urdorf, das Nuotbad in Wald oder das Ehrlosenbad bei Hinwil. Heute sind diese Namen nicht viel mehr als die Erinnerung an improvisierte Hütten mit hölzernen Wannen und rauchenden Holzstössen zum Erwärmen des Wassers. Aber auch diese entlegenen *Bedli* brachten einen Hauch von Freiheit und Abenteuerlust in den reglementierten Alltag unter strengen Zunft- und Ratsherren, die in Arbeit und Geldverdienen den Hauptzweck des Lebens sahen.

Karrieren jeglichen Zuschnitts: Die Berner Landbäder

Obwohl der Kanton Bern geologisch und geographisch drei ganz verschiedene Regionen umfasst, sind die Mineralquellen auf seinem Gebiet ziemlich gleichmässig verteilt: von den Jurabädern wie Burg- oder Bellerivebad über die Kurorte des Mittellandes wie Langenthal zu den landesweit bekannten Heilbädern des Berggebiets wie Lenk oder Gurnigel. Lange Zeit galt der Aarekanton als eigentliches Bäderparadies der Schweiz. Der Badehistoriker Adrian Lüthy zählt nicht weniger als 96 verschiedene Mineralquellen, die zu der einen oder anderen Zeit in Betrieb standen. Als Jahr der höchsten Frequenzen nennt er 1836 – gerade die Periode, in der Gotthelf sein schwefelgelbes Elisi im Gurnigel einen höchst unpassenden Freier finden lässt. Sind im Biedermeier also über siebzig Berner Bäder in Betrieb, so schrumpft die Zahl bis zum Jahrhundertende

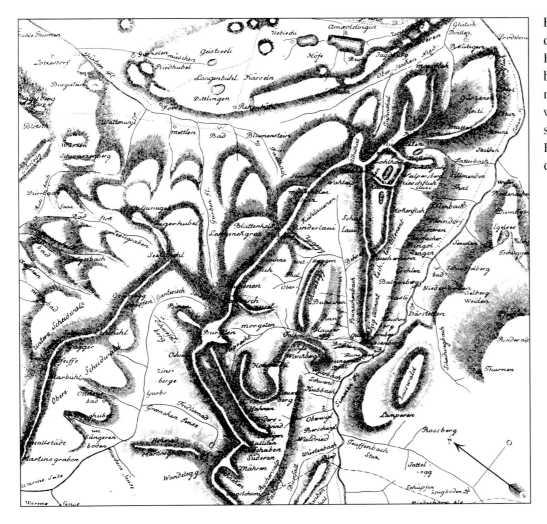

Eine um rund 1800 entstandene Bäderkarte des Bernbiets zeigt den Reichtum an Quellen im Gantrischgebiet. Bereits ein kleiner Ausschnitt nennt ein Dutzend Quellen. Namen wie Ottenleuebad oder Bad Blumenstein finden sich häufig auch in den Romanen und Erzählungen Gotthelfs, die im Biedermeier spielen.

auf etwa sechzig und sinkt bis 1920 auf rund vierzig. Badehistoriker Meyer-Ahrens zählt allein im Berner Oberland fünfzig Mineralquellen und kommt für den ganzen Kanton auf rund hundertzehn Heilquellen – darunter freilich so abgelegene Orte wie das Wildeneibad bei Höchstetten, das Trubersbrunnenbad bei Herzogenbuchsee oder das Schwandenbad bei Steffisburg.

Wie die Karriere eines dieser anonymen Berner Landbedli in etwa verlief, zeigt beispielsweise Meyer-Ahrens' Eintrag zum Schlegwegbad, das gegen chronischen Rheumatismus und chronische Hautausschläge, ebenso gegen Fussgeschwüre empfohlen wird. *Dieses Bad, das schon seit dem Jahre 1540 bekannt ist und benutzt wird, liegt in der Gemeinde Kurzenberg, 1½ Sdt. von Diesbach, im Hintergrund eines nach Nordwest abfallenden, von Staufenberg ausgehenden und von Nadelholzwaldungen umgebenen Acker- und Wiesengrundes. Älteres, ländliches Wohngebäude mit wenigen Wohnzimmern und ein im Jahr 1856 errichtetes Badgebäude mit 8 Wohnzimmern und 8 Badezellen mit je 2–4 Wannen.* Das Wasser der Quelle – so Meyer-Ahrens weiter – zeige einen *deutlich bemerkbaren Geruch nach Schwefelwasserstoff* und weist offenbar zahlreiche gelöste Stoffe auf, welche leinene Badehemden schon nach wenigen Tagen gelblich färben und das Gewebe in kurzer Zeit brüchig machen. Dass sich ein kleines Landbad bei der grossen Konkurrenz über Jahrhunderte hinweg halten kann, setzt besondere Eigenschaften des Wassers voraus; obwohl eine Analyse fehlt, nennt Meyer-Ahrens die Ingredienzien Eisen, schwefelsaure Magnesia und kohlensauren Kalk.

Am anderen Ende des Berner Spektrums stehen die landesweit bekannten grossen Kurbäder, die im Gegensatz zu den *Purebedli* Kurgäste von jenseits der Grenze anziehen. Am bekanntesten ist wohl das Gurnigelbad, sechs Marschstunden weit von Bern an einem Ausläufer der Stockhornkette gelegen. Um 1560 taucht die Stockquelle erstmals urkundlich auf; ein hundert Meter langer Stollen, schon damals verschüttet, lässt aber vermuten, dass bereits die Römer das gipshaltige Schwefelwasser zu schätzen wussten. Zu Ende des 16. Jahrhunderts entsteht das erste grössere Badehaus, das vor allem unter den Bauern der Nachbarschaft populär wird. Ab etwa 1600 entdecken die Berner Stadtbürger das auch landschaftlich reizvolle Bad. Es bekommt noch mehr Zulauf, wie man zusätzlich das Schwarzbrünneli fasst. Zur Zeit des Besuchs der Glunggenbäuerin, also um 1820, zählt die Anlage 46 Fremdenzimmer und weitläufige Badeeinrichtungen. Daraus wächst bis zum Jahrhundertende ein riesiger Gebäudekomplex mit fast zweihundert Gästezimmern und einer 120 Meter langen Säulenhalle, englischen Parks und Springbrunnen. Gurnigel wird ein Kurort mit Weltruf; in Paris und London kann man am Bahnschalter Direkt-Fahrkarten kaufen, in denen die Pferdepost des letzten Teilstücks bereits inbegriffen ist. Um die Jahrhundertwende vernichtet ein Brand die riesige Anlage. Der in ähnlicher Grösse aufgebaute neue Komplex kann sich nie richtig durchsetzen. Weltkrieg und Weltwirtschaftskrise hindern seinen Aufschwung; um 1940 legt man das traditionsreiche Gurnigelbad still.

Als Generalthema zieht sich durch die Geschichte der Berner *Fressbedli* oder *Purebedli* das unbegrenzte Misstrauen der Behörden, die überall im Badebetrieb Unbotmässigkeit, gar revolutionäre Machenschaften wittern. Tatsächlich trug der abgelegene Standort vieler solcher Mini-Kuranstalten dazu bei, dass die Behörden die Übersicht verloren. Weder liessen sich die Schankzeiten kontrollieren noch wusste man, ob die Vorschriften über Tanz und Musik eingehalten wurden. Von 1500 bis 1800 bezeugt eine lange Reihe von Mahn- und Strafschreiben aus Bern und den regionalen Verwaltungszentren, dass sich in den *Purebedli* tatsächlich oft auflüpfische junge Burschen versammelten.

So ereiferten sich die Berner Ratsherren im Jahre 1729 über den offenbar recht lockeren Betrieb im Schwefelbergbad, das unweit des Gurnigel liegt: *Es ist vor geraumer Zeit daher beobachtet worden, dass an dem Schwebelberge, sonderlich an denen 3 ersten Sonntagen im August Monat allerhand Unanständigkeiten vorgehen* – zu denen offenbar der unbefugte Ausschank von Branntwein und Wein gehörte. Beides verboten die Behörden – ohne allzu grosse Wirkung.

Denn das Bad auf dem Schwefelberg hielt sich, auf die Länge gesehen, eher besser als der Konkurrent auf dem Gurnigel. Zwar errichtete man die ersten Badeanlagen

Stationen aus der Karriere eines Kurortes. Im 17. Jahrhundert wird im Gurnigel, sechs Wegstunden weit von Bern entfernt, das Schwarzbrünneli gefasst und überdacht. Bis 1820 entsteht eine weitläufige Anlage mit einem halben Hundert Fremdenzimmern; die Strasse von Bern her ist jetzt mit Kutschen passierbar. Bis zur Belle Epoque wächst die Anlage erneut: Aus dem Landbedli wird ein Kurort von Weltruf.

rund um das Jahr 1830 – vor diesem Datum dominieren hier die Trinkkuren. Dann aber kommt eine solide Kuranlage hinzu, die noch heute hundert Gästebetten aufweist.

Das Moosbad bei Lauperswil – um wieder in abgelegenere Regionen auszuweichen – liegt in einer engen und tiefen Schlucht, die den Gästen einen mühsamen Hinweg abforderte, dafür aber auch die Gendarmen vom allzu häufigen Kommen abhielt. Das hatte seine Folgen: Die Badesitten verwilderten, wildfremde Männlein und Weiblein wurden ungeniert in den gleichen Badkasten gesetzt. Als der Moosbadwirt 1640 eine Art Konzession verlangte, fügte Landvogt Samuel Frisching einen ergänzenden Bericht bei, der sich gewaschen hatte. Man führe da oben ein gottloses Leben *mit Tantzen, Singen, schreyen, pfyffen, Gygen, Spihlen und zusammen Lauffen*. Nachts würde ein Spiel getrieben, bei dem man die Lichter auslösche – der Rat könne sich vorstellen, was dabei abliefe. – Unnötig zu sagen, dass das betreffende Konzessionsgesuch keine Chance hatte.

Das Miteinanderbaden von männlichen und weiblichen Gästen im gleichen Badkasten gab auch bei einem weiteren Lokalbedli zu Klagen Anlass: Fürs Gutenburgbad in der Nähe von Langenthal forderte der Burgdorfer Landvogt zu Ende des 17. Jahrhunderts die Einführung von Trennwänden zwischen Männer- und Frauenabteilung. Offenbar hatte zu dieser Zeit ein unternehmungslustiger Wirt die Konzession inne, der mit Freischiessen (einer Mischung von Schützenfest und Kirchweih) zusätzliche Gäste anlockte. Meyer-Ahrens' Beschreibung aus dem Jahre 1867 zeigt, wie die Karriere des Klein-Kurorts weiterging. Der Balneologe spricht von einem *modernen Gebäude von gefälligem Äusseren mit Speisesaal, Tanzsaal, 17 Wohn- und 10 Badezimmern mit je zwei Wannen und Apparaten zu Dampfbädern, Regen-, Spritz- und aufsteigenden Douchen. Einrichtungen überhaupt zweckmässig und bequem*. Die Quelle kam vor allem bei Bleichsucht, Rheumatismus und chronischen Katarrhen zur Anwendung; der Hinweis auf den Tanzsaal zeigt jedoch deutlich, dass die Wasserkur noch im sittenstrengen viktorianischen Jahrhundert ihre gesellschaftliche Seite hatte.

Das erweist auch die Geschichte des Burgbades im Jura – um hier noch ein letztes Mal die Laufbahn eines der fast vergessenen *Bedli* zu verfolgen. Die in einem verborgenen Grenzzipfel des Landes, zwischen Basel und Delsberg, gelegene Quelle zog schon um 1500 die ersten Besucher an, die hier vor allem die Genesung von Wunden fördern wollten oder Rheuma sowie Nervenschwäche linderten. 1768 spricht ein Text von einem wohlbesuchten *Gesundbad*, in dem sich Gäste aus Basel und dem Elsass einfanden – *freilich auch zum Theil des guten Essens und Trinkens wegen*, wie Meyer-Ahrens abschätzig anmerkt. Noch weniger hätte ihm die wichtigste Attraktion des Kenner-Treffs gefallen. Der Tanzsaal lag genau über der Landesgrenze, so dass ein Teil des Parketts zu Frankreich, ein anderer zur Eidgenossenschaft gehörte. Je nach gerade gültigen Vorschriften konnten die Tanzlustigen also von einem Staatsgebiet ins andere überwechseln, wenn gerade ein eifriger Büttel oder Polizist auf Einhaltung der obrigkeitlichen Verordnung drängte.

«Ein reicher Brunn mit siedendem Gebräuse»: Leukerbad

Wir erinnern uns: In Leukerbad stiegen die Platters aus Basel ab, unter ihnen der schüchterne junge Doktor, der sich der nackten Frau Hauptmann wegen nicht mehr ins Gemeinschaftsbad wagte. Freilich hatte man die Gipsquellen im wilden Seitental des Wallis bereits seit Jahrhunderten genutzt. Das Wasser, heute wie damals mit einundfünfzig Grad aus den Felsen sprudelnd, ist *so heyss / das man Hüener darinn brüyen und Eyer sieden mag* – so jedenfalls Chronist Johannes Stumpf. Es half gegen vielerlei Beschwerden, wenn man seiner Zusammenfassung glauben will: gegen Sehbeschwerden, Magenschwäche und Nierensteine.

Zwei geistliche Herren hatten zum Aufstieg Leuks wesentlich beigetragen. Bischof Jodokus von Sitten hatte um 1480 eine Anzahl von Gasthöfen und Badebassins anlegen lassen; nach ihm übernahm der streitbare Kardinal Matthäus Schinner die Ägide über den Kurort. Trotz der beschwerlichen Anmarschrouten – die eine über den Gemmipass, die andere ein steiler Talweg nach Leuk – florierte das einstige Hirtendorf. Zwei Lawinenkatastrophen im 18. Jahrhundert vermochten den Aufstieg Leukerbads nicht zu bremsen. Um 1850 entstand eine befahrbare Zufahrtsstrasse, gleichzeitig investierte der Kanton, und mit einem mächtigen Wachstumsschub wurde Leukerbad zur europaweit bekannten Kurstation, ausgerüstet mit Grandhotels, medizinischer Versorgung und erstklassig ausgestatteten Bädern.

Bereits bekannt sind die Gemeinschaftsbäder, bei denen Doktor Meyer übertriebene Ängste beschwichtigen kann – wir erinnern uns an die wolldeckendicken Bademäntel und die «geduckte Stellung» beim Einsteigen ins Wasser. Abbildungen aus der Jahrhundertmitte zeigen riesige Badehallen mit Platz für hundert bis zweihundert Kurgäste; zeitgenössische Beschreibungen zeugen von der fröhlichen Stimmung, den Gesellschaftsspielen und gemeinsam gesungenen Weisen, mit denen man sich die langen Kurstunden vertrieb. Auch hier also noch ein kräftiger Nachklang des unbeschwerten Betriebs aus fernen Renaissance-Zeiten: Wie bei den abgelegenen Berner Lokalbedli scheint auch im Falle von Leukerbad die isolierte Lage gewisse unbürgerliche Tendenzen zu fördern...

Vor allem aber sorgte die umgebende Landschaft dafür, dass die Therme einen festen Platz im europäischen Kurspektrum erhielt. Eine Art Talkessel wird auf drei Seiten von senkrecht abfallenden Felswänden eingeschlossen; Lawinen donnern vor aller Augen zu Tal, der Wind treibt Nebelfetzen den Felsen entlang. Oder in Albrecht von Hallers Worten (sein Lehrgedicht *Die Alpen*, 1729 erschienen, schildert Leukerbad in bewegten Jamben):

Im Mittel eines Thals von Himmel-hohem Eise,
Wohin der wilde Nord den kalten Thron gesetzt,
Entspriesst ein reicher Brunn mit siedendem Gebräuse,
Raucht durch das welke Gras und senget, was er netzt.

Vom abgelegenen Gebirgsland zum Kurort von Weltruf: diese Karriere macht auch Leukerbad, in einem Seitental der Rohne gelegen, durch. Johannes Stumpfs Chronik (1550) zeigt einige einfache Bretterhütten. Zu Ende des 18. Jahrhunderts ist die Badehalle bereits zum internationalen Treffpunkt geworden.

In das malerisch gelegene Bergbad am Fuss der Gemmi investierte bereits der Walliser Kardinal Matthäus Schinner. Die heisse Gipsquelle von Leukerbad fand Anwendung bei so unterschiedlichen Gebresten wie Migräne oder Unfruchtbarkeit. Die langen Badestunden vertrieb man sich mit Lektüre oder Kartenspiel.

Die aus einer Felsspalte aufsteigende Wasserdampfwolke verrät die Therme von Pfäfers. Während Jahrhunderten übernahmen die Mönche von Pfäfers den Badebetrieb in der unzugänglichen Schlucht.

Indirekt trug die romantisch gelegene Gipstherme wohl zum Verfall des Brigerbades bei. Dieses hatte noch Platter Senior besucht und dabei wahre Wunderheilungen miterlebt – so im Falle eines Hauptmann Simon, den man einer Lähmung wegen ins Wasser tragen musste, und der zwei Stunden später aus eigener Kraft aus dem Bassin kletterte. Ein verwundeter Gardehauptmann aus Mailand hatte – so Platter weiter – bereits 900 Dukaten Arztkosten für eine Schenkelwunde ausgegeben. Aber erst die Briger Gipstherme half: *dem gnass* (genas) *syn schenkell zuo in dryen tagen, und ist also bliben.*

Offenbar verschüttete auch ein Erdrutsch die drei geräumigen Bassins, die ein Unternehmer am rechten Rhoneufer angelegt hatte; jedenfalls fand der wissensdurstige Hydrologe Scheuchzer aus Zürich zu Beginn des 18. Jahrhunderts bloss noch ein paar einsame Zuber für Zufallsgäste. 1839 zerstörte eine Überschwemmung durch die Rhone eine weitere Badeanlage, so dass Meyer-Ahrens 1860 beklagen muss, es sei *die Quelle jetzt fast gar nicht benutzt, und ist eigentlich unbenutzbar, da sich das Thermalwasser wieder mit gemeinem kaltem Wasser mischt.*

Unweit von St-Maurice im Rhonetal entspringt die Schwefeltherme von Lavey – im Spektrum der grossen Schweizer Kurbäder von heute eines der jüngsten Etablissements und trotzdem von Legenden abendländischen Zuschnitts umwoben. Eine römische Siedlung, welche den hier aus dem Rhonetal abzweigenden Simplonpass befestigen half und den Namen Epaunum trug, wies nämlich offenbar eine gefasste Therme auf. Nur dass Epaunum im Jahre 563 durch einen Bergsturz verschüttet wurde – und mit ihm die heilungspendende Quelle. Erst zur Zeit von Napoleons Herrschaft entdeckte ein Fischer die Warmwasserquelle wieder, hielt aber längere Zeit mit seinem Fund zurück, da er den Verlust seiner Fischereirechte befürchtete. Mit grossem Aufwand fasste man in den 1830er Jahren schliesslich einen Teil der Heilwasser, die annähernde Bluttemperatur aufwiesen; zur Jahrhundertmitte entstand eine weitläufige Anlage, deren schön angelegter Garten sich bis heute zum romantischen Kurpark entwickelt hat.

«Ein treffliche weite spelunck»: Pfäfers/Bad Ragaz

Wir erinnern uns an die ausgedehnte Badeordnung, mit welcher 1603 der Pfäferser Abt Michael Ruhe und Ordnung in seine Kuranstalt zu bringen versuchte. Ähnlich wie bei Leukerbad wirkten auch bei Pfäfers zwei wichtige Komponenten zusammen, um für grenzüberschreitende Popularität zu sorgen: eine reichfliessende Therme und ein spektakulärer Standort. Umrahmten in Leukerbad «himmelhohe» Felsen die Siedlung, so hatte man das Pfäferser Kurhaus direkt in eine Schlucht gebaut, so nahe wie möglich beim Austrittspunkt der Heilwasser. Mitten über der Tamina, auf Balken gestützt, die links und rechts in steil abfallenden Felsen verankert sind, steht ein abenteuerliches Gebäude. *Hat wohl je eine menschliche Wohnung über einem so schrecklichen Abgrund geschwebt?* fragt Badehistoriker J. A. Kaiser mit rhetorischem Schwung.

Unter den Füssen der Kurgäste tobe *ein wütender Strom, über dem Haupte drohen Felsblöcke und herüberragende Waldbäume.* Der Zugang zum Kurhaus erfolgte in der Vertikalen: Kranke und Genesende kletterten an hängenden Leitern in die Tiefe oder wurden – oft mit verbundenen Augen – in Tragsessel geschnürt und abgeseilt. Chronist Johannes Stumpf beteuert, etliche Patienten hätten sich glatt geweigert, in die schreckliche Tiefe abzusteigen; diese seien *auss forcht des gevarlichen wegs widerumb ungebadet* weggefahren – und dies, obwohl sie mitunter eine wochenlange Anreise auf sich genommen hätten. Wer den gefährlichen Abstieg hinter sich hatte, blieb am liebsten unten, dies obwohl nie ein Lichtstrahl in die Tiefe fiel und die Verwaltung offensichtlich an der Beleuchtung sparte. So sassen denn hundert und mehr Gäste eng gedrängt im Bassin. Einige von ihnen verbrachten die gesamten drei Kurwochen im Wasser: *und sitzen da in der dunckelheit wie die Seelen in S. Patricii Fegfewr.* Zudem haperte es mit den sanitären Anlagen. Die wenigen Bretterpfade rund um das Gebäude waren mit menschlichen Ausscheidungen bedeckt, deren *böser gestanck denen höflichen leüthen ein ohnmacht bringet* – so jedenfalls 1562 der Augenzeuge Günther von Andernach.

Genau ein Jahr später kommt der Zürcher Landpfarrer Josua Maler mit seiner Gattin, die an einer Fistel und einem eitrigen Geschwür neben dem Auge leidet, nach Pfäfers. Seine Beschreibung gibt ein farbiges Bild der Verhältnisse im Frühbarock. Die Malers bleiben praktisch drei Wochen lang im Wasser – eine nicht ungefährliche Sache, da hin und wieder ein Kurgast von der Müdigkeit übermannt wird und unbeachtet ertrinkt. Davon zeugen mehrere Einträge der Periode im damaligen Zivilstandsregister. Immerhin müssen sich die beiden nun nicht mehr abseilen lassen oder über schwankende Leitern klettern. Um 1540 hat nämlich der Pfäferser Fürstabt einen neuen Zugang in die Schlucht bauen lassen, der horizontal vom vorderen Taminatal her vordringt. Rund zehn Meter über der brausenden Tamina hat man – in der Art des «Stiebenden Stegs» am Gotthard – horizontale Balken in die Felsen getrieben und Bretter darüber gelegt. Aber auch jetzt noch kommen die Kurgäste mit Herzklopfen und Zittern im Badhaus an, wie Maler notiert; der Bretterpfad ist glitschig und nur spärlich beleuchtet. Noch 250 Jahre nach Maler bereitet der Zugang in die Schlucht den Bergungewohnten heftiges Unbehagen – so etwa dem populären Dramatiker Zacharias Werner, der die heisse Quelle auf seiner Schweizer Reise des Jahres 1808 besichtigen will, aber nach den paar ersten Schritten auf dem schwankenden Pfad kleinmütig umkehrt...

Da immer wieder Kurgäste beim Anmarsch ums Leben kommen, bald in die Tamina stürzen, dann wieder von fallenden Felsbrocken oder Tannen erschlagen werden, sucht man eine neue Lösung. 1640 ersteht ein stattliches Gebäude am Eingang zur Schlucht: gewaltige gewölbte Korridore, grosse Gemeinschaftsbäder, dazu eine Kapelle. Das Quellwasser wird in hölzernen *Teucheln* aus der Schlucht geführt; die *treffliche weite spelunck*, von der Chronist Sebastian Münster berichtet, wird zur mit Schaudern besichtigten Sehenswürdigkeit.

Halsbrecherisch ist der Zugang zu den Pfäferser Thermen im Mittelalter: Gebrechliche werden in einer Art Tragkorb abgeseilt; die Rüstigeren klettern an steilen Leitern in die Spalte. Viele Patienten weigerten sich schlichtweg, den Abstieg zu wagen, und zogen weiter, ohne gebadet zu haben.

Genau zweihundert Jahre später zieht das Pfäferser Bad ein letztes Mal um. Denn auch die Lage an der Pforte zur Schlucht hat ihre Nachteile: kaum je ein Sonnenstrahl, keine Aussicht, ungesund-feuchte Luft. 1838 hat man das Pfäferser Kloster aufgelöst; die Quelle geht in den Besitz des Kantons St.Gallen über, der das heilende Wasser aus der engen Schlucht heraus- und ins lieblich-weite Rheintal nach Ragaz leitet. Ein Konsortium unter Führung des Unternehmers und Ingenieurs Bernhard Simon erwirbt 1867 die Konzession und lässt eine grosszügige Kuranlage bauen; der Aufstieg von Ragaz zu Bad Ragaz und damit zum weltbekannten Kurort hat begonnen. Noch lässt sich niemand träumen, dass man dereinst wieder ins Taminatal zurückkehren wird –

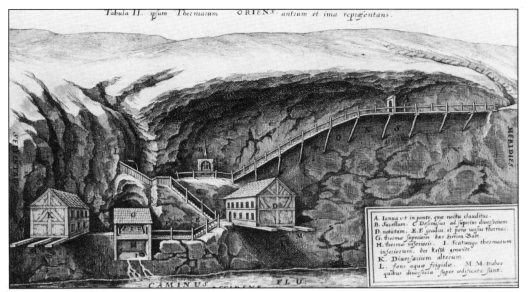

Um das Jahr 1540 liess der Fürstabt von Pfäfers einen horizontalen Zugang zur Quelle durch die Taminaschlucht bauen – einen Bretterpfad, den in die Felsen gerammte Balken trugen. Aber auch dieser Anmarsch, der zum Teil zehn Meter über dem reissenden Fluss stattfand, schreckte viele Gäste ab.

für die hochmoderne Bäderklinik von Valens nämlich, die in den 1960er Jahren entsteht und für die man einen Teil des reichlich fliessenden, blutwarmen Wassers aus der *spelunck* von einst hochpumpt...

Graubünden, Paradies der Mineralien

Rhäzünser, Passugger, Emser und Valser Wasser; nur schon die Namen der heute in der Schweiz populären Flaschen-Mineralwasser beweisen, wie reich gesegnet mit Quellen die Hunderte von Tälern des Kantons Graubünden sind. Eine erste kurze Rundschau führt vom Engadin mit den Quellen von Sankt Moritz, Schuls und Tarasp ins Prätigau nach Fideris und ins Tal der Rabiusa nach Passugg, weiter ins Lugnez nach Vals zur einzigen grösseren Gipstherme der Region, nach Serneus, Flims oder Le Prese im Puschlav.

Als Patriarch unter den Bündner Wasserkurorten kann sich Sankt Moritz fühlen. Grabungen rund um die eisenhaltige Quelle förderten bronzezeitliche Schwerter und eine Lederflasche aus dem Mittelalter zutage; weitere Funde lassen darauf schliessen, dass der Heilbrunnen bereits vor der Zeit der Römer bekannt war. Eine gewichtige Empfehlung für das Sankt Moritzer Heilwasser legte Paracelsus ab: Die Quelle laufe im August *am sauristen*, und wer von ihr trinke, *wie einer Artznei gebührt, der kann von Gesundheit sagen.*

Kaum zu glauben also, dass die reichlich fliessende Quelle während Jahrhunderten nur dürftig gefasst wurde und dass bis ins letzte Jahrhundert keinerlei Infrastruktur für die Heilungsuchenden bereitstand. Um 1700, als Wasserkundler Scheuchzer ins Engadin kam, suchten Kranke aus Italien und Deutschland in Sankt Moritz Heilung, ebenso versandte man in Flaschen abgezogenes Heilwasser bereits in alle Himmelsrichtungen. Trotzdem bedeckte erst ein kümmerliches Holzdach den Austrittsort, und die Auswärtigen mussten im 25 Minuten Fussmarsch abgelegenen Dorf Unterkunft suchen, für ihre Kur also täglich einen beinahe halbstündigen Weg zweimal unter die Füsse nehmen. 1832 entstand schliesslich das erste Kur- und Trinkhaus, dreissig Jahre später ein geräumiges Gast- und Badehaus, bis zum Ende des Jahrhunderts schliesslich eine weitläufige Kuranstalt, die nun rund fünfhundert Kurgästen Unterkunft bot.

Seit dem Beginn der Neuzeit rühmte man die Quelle von Passugg als wirksames «Kropfwasser» – nur dass der Born zu Ende des 18. Jahrhunderts unter einem Erdrutsch verschwand. Was nun geschah, gehört eigentlich ins Kapitel «Sagen und Legenden»: Bei einem Spaziergang oberhalb von Chur kam dem Sattler U. A. Sprecher eine bestimmte Gegend auf Anhieb vertraut vor, obwohl er sicher wusste, hier noch nie durchgekommen zu sein. Schliesslich wurde ihm klar, dass er den fraglichen Hang bereits einmal... im Traum erblickt hatte. Ein ebenso zufälliges Gespräch mit einem alten Anwohner bot eine mögliche Erklärung: Der Greis erinnerte sich, an der Stelle des Schuttkegels habe sich einst eine vorzügliche Mineralquelle ergossen. Worauf Sprecher auf eigene Faust nachgraben liess und gleich drei der verschütteten Natronsäuerlinge wieder fand. 1864 wurde die Sache publik gemacht, und innert dreier Monate hatte man – abgesehen vom Heilwasser, das an Ort und Stelle getrunken wurde – bereits an die 12 000 Flaschen mit Mineralwasser verkauft. Das stattliche Kurhaus, das in den nächsten Jahren entstand, steht noch heute; die wiedergefundenen Quellen aber hat man liebevoll mit Namen versehen, als liesse sich damit ein zukünftiges Verlo-

Innerhalb eines halben Jahrhunderts, zwischen 1830 und 1880, schossen in St.Moritz zahlreiche Badehotels aus dem Boden: der heutige, international bekannte Wintersporttreff begann seine Weltkarriere als Badekurort. Schon die Römer wussten seine Heilbrunnen zu schätzen.

rengehen vermeiden: Fortunatus, Belvedra, Theophil, Helene und Ulricus füllen heute die Bassins der schlossähnlichen Kuranstalt und helfen gegen Gebresten wie Magen- und Intestinalkatarrh, Blasenleiden und Hämorrhoiden.

Wohl kaum ein Fleck Erde hat eine solche Quellendichte aufzuweisen wie die Gegend von Scuol-Tarasp im Unterengadin. Obwohl einige der etwa 25 Mineralquellen seit Jahrhunderten genutzt wurden, dauerte es bis zur Mitte des vergangenen Jahrhunderts, bis die ersten grösseren Anlagen entstanden. Vor allem mit den Verkehrswegen lag es im argen. Nachdem um 1850 ein Konsortium einen grossen Teil der Wasserrechte zusammengekauft hatte und quantitative wie qualitative Analysen erstellen liess, begann der Aufstieg der Region mit dem Bau eines grossartigen Kurhauses.

Entdeckt worden waren die heilenden Wasser von zwei Hirtenknaben, die die abführende Wirkung eines salzhaltigen Quells – so die Überlieferung – nachhaltig zu spüren bekamen. In einem auf Laxative erpichten Zeitalter war dergleichen aber die beste Referenz, so dass zu den Anwohnern, die sich hier purgierten, bald auch Auswärtige stiessen – so etwa der Zürcher Naturwissenschafter Conrad Gesner, den wir seiner kombinierten Trink- und Badekur wegen bereits von Baden her kennen. Gesner war über seine Trinkkur des Lobes voll: In einem Brief vom 7. Juni 1561 beteuert er seinem Freund Achilles Gasser in Augsburg, er habe sich seit der Kur in Tarasp so gut gefühlt wie seit Jahren nicht mehr.

Die erste sichere Kunde über die heilenden Wasser von Vals, zwanzig Kilometer südlich von Ilanz gelegen, stammt aus dem Jahre 1670 – damals muss in der prächtigen Bündner Gemeinde mit ihren braungebrannten Holzhäusern und ihren Steinplattendächern bereits ein «Haus zum Bad» gestanden haben. Obwohl die rund 25 Grad warme Subtherme in der Folge nie versiegte, fand sich um 1820 keine Spur allfälliger Badeeinrichtungen mehr. Das weiche, «fast ölig anzufühlende» Wasser, das bei Rheumatismen, Kreislauf- und Stoffwechselkrankheiten hilft, wurde um 1850 neu gefasst und in ein neu entstandenes Bade- und Kurhaus geleitet.

Mittelland und Zentralschweiz: Tour d'horizon

In landschaftlich reizvoller Gegend, unweit des heutigen Bahnknotenpunktes Olten, liegt die Mineralquelle von Lostorf, bereits im 15. Jahrhundert entdeckt. Das Dorf am Jurafuss hat somit eine lange Geschichte als Heilbad – leider brannte das ehrwürdige Kurhaus im Jahre 1966 vollständig nieder. Die seither erbauten Anlagen des ganzjährig geöffneten Kurbades gehören heute zu den modernsten der Schweiz; die Gips- und Schwefeltherme, die rund 27 Grad warm aus dem Boden quillt, findet vor allem bei Erkrankungen der Atem- und der Kreislauforgane Anwendung.

Überhaupt hat Solothurn als Badekanton einiges an Tradition vorzuweisen. Meltingen, in einem Seitental der Birs gelegen, zog einst Besucher aus dem nahen Basel an; Attisholz mit seiner sogenannten erdigen Quelle wurde während Jahrhunderten als Bad betrieben, ebenso Bad Flüh im solothurnischen Leimental.

Für den angrenzenden Kanton Basel zählt der Kurortführer von Meyer-Ahrens rund zwanzig Heilquellen auf – einige davon sogar auf dem Gebiet von Basel Stadt. Am bekanntesten sind heute noch die salinischen Gipsquellen von Bad Eptingen oder von Bad Ramsach in der Nähe von Läufelfingen. Das äusserst kalte Wasser dort galt einst als Wundermittel bei Hautkrankheiten, Katarrhen und «Nervenschwächen». Seit dem Neubau eines Kurhauses im Jahre 1864 geht es mit dem Kurort aufwärts; heute kann das moderne Kurhotel über hundert Gäste aufnehmen.

Jeder balneologische Streifzug durch das Bäderland Schweiz führt auch in die Zentralschweiz, obwohl viele einst geschätzte Heilquellen heute in Vergessenheit geraten sind – Rotzloch, Bad Farnbühl in der Nähe Luzerns, Schwendi Kaltbad im Kanton Unterwalden oder das Schimbrigbad im Entlebuch. Auch der Rigi, das absolute touristische *must* der viktorianischen Zeit, konnte mit zwei Quellen aufwarten – Scheidegg und Rigi-Kaltbad. Die Liste liesse sich fast beliebig verlängern, nur dass die Ausstrahlung der heilenden Brunnen lokal beschränkt blieb. So etwa eine kleine Schwefelquelle in Realp, wo Bauern ein nach Schwefel riechendes Wässerchen in einer grasreichen Wiese entdeckten, das fortan als Wundermittel gegen Verstopfung gerühmt wurde; so der Born von Wylerbad im Kanton Unterwalden, wo eine Zeitlang immerhin acht Wannen für Besucher bereitstanden.

Bädermedizin:
Wie gesund macht der Gesundbrunnen?

Der Kranke, der Rekonvaleszente oder der auf Abwechslung Erpichte der Jahre um 1500 hat die Qual der Wahl: Es gibt bereits eine reichhaltige Bäderliteratur mit Verhaltensmassregeln, eigentlichen Kurprospekten und gelehrten medizinischen Abhandlungen. Die Vorteile und Nachteile der einzelnen Quellen müssen abgewogen werden, man muss sich für den besten Zeitpunkt im Jahr entscheiden, an dem man die Kur beginnen will. Nicht zuletzt stellt sich die Frage: Soll man nun die heilenden Wasser trinken, in ihnen baden oder beide Therapien kombinieren?

Als weitere Informationsquellen stehen dem Kurgast des 16. Jahrhunderts die populären Chroniken zur Verfügung, die den einzelnen Kurbädern breiten Raum widmen. Über das Wichlenbad bei Elm beispielsweise konnte der Eidgenosse der Reformationszeit bei Johannes Stumpf nachlesen. Hier fand man Linderung bei Seh- und Hörstörungen: *Etlichen soll es die verfinsterten augen widerumb erleuchtet haben. Etlich alt leüt haben das gehör verloren / sind daryn gegangen / und habend das wider erholet.* Im Limmatstädtchen Baden kurierte man innere Erkrankungen; hier genas der *erkaltete magen,* hier kurierte man Kopfweh, «reinigte» überhaupt das Gehirn; die Quelle war weiter *nütz der lungken und leberen / krefftiget die rugken.*

Hatte man sich für einen Kurort entschieden, galt es wiederum die verschiedensten Massregeln zu beachten, um das Optimum aus den drei Kurwochen herauszuholen. Denn der Gast war weitgehend auf sich selbst gestellt. Zwar beschäftigten die grösseren Bäder ihren eigenen Arzt. Der aber hatte anderes zu tun als individuelle Kurprogramme zu entwerfen: Meist war er vollauf beschäftigt mit Schwerkranken, Notfällen und… Geburten, die sich bei vielen weiblichen Gästen ausgerechnet in der Kurzeit einstellten. Zudem verlangte er oft happige Honorare.

Die dreizehn Regeln des Laurentius Phries

Im Jahre 1519 brachte eine Schrift des Badearztes Laurentius Phries erstmals Ordnung in die oft widersprüchlichen Anweisungen an die Heilungsuchenden. Sie erschien in Strassburg, verbreitete sich aber sofort durch ganz Süddeutschland und in der Eidgenossenschaft. Phries' Baderegeln geben nicht nur einen farbigen Einblick in die medizinischen Anschauungen seiner Zeit, sie orientieren auch über den Kuralltag des Patienten und lassen an einigen Stellen einen etwas bärbeissigen Humor durchschimmern, der den Auswüchsen des Kurbetriebs auf den Leib rückt.

Gleich die erste Regel ist wohl mit einem kleinen Augenzwinkern niedergeschrieben worden. Bevor du in ein Bad ziehst, mahnt Phries, so schau zu, *das dein seckel geladen sei mit gold.* Nur so sei eine ordentliche Kur möglich: Wo die Finanzen stimmen, kriegt der Gast auch was fürs Geld.

Übereifrigen Gästen widmet Doktor Phries die zweite Regel: Nicht gleich vom ersten Tag an ein Vollpensum absolvieren, sondern täglich eine Stunde Badezeit zugeben. Zu beachten ist – so Regel Nummer drei – auch die Aussentemperatur. Wer im Hochsommer kurt, soll die kühleren Morgen- und Abendstunden für sein Bad wählen, denn die kombinierte Hitze der Luft und der Therme würden den Körper zu schnell «eröffnen» und damit schwächen.

Aber auch zu anderen Jahreszeiten beginne man das Morgenbad mit dem Sonnenaufgang *oder wennig darvon:* Dann nämlich sei die Sonne am weitesten vom hiesigen Teil der Erdoberfläche entfernt.

Regel fünf hat im Zeitalter der Purgationen, der Einläufe und Darmspülungen, besonderes Gewicht: Vor Antritt des Bades soll der Gast Darm und Blase leeren, gar überflüssigen Speichel loswerden. Denn: Andernfalls würden *die Überflüssigkeiten gezogen in die schwachen glider* und hier gewaltige Verheerungen durch Stauung und Verstopfung anrichten. Hilft die Natur nicht zum regelmässigen Stuhlgang, so greife man zu Laxativ oder Purgation.

Eigenartigerweise schmückt Phries' *Traktat der Wildbäder* ein Titelholzschnitt, der seiner Regel Nummer sechs ins Gesicht schlägt – gesellig plaudernde Kurgäste, die sich von einem reichbeladenen Tablett mit Speis und Trank verköstigen. Doktor Phries wendet sich vehement gegen das populäre Zechen und Fressen. Speis und Trank seien nämlich selbst schon «hitzigend», würden womöglich noch warm serviert. Dadurch aber würden sie die natürliche Hitze des Quellwassers noch vermehren; schon im Magen begännen sie deshalb zu faulen. Weiter dringe flüssige oder feste Nahrung dank der ihr innewohnenden Hitze *in die engen weg des leibs, welliche von dem bad eroffnet seind, und macht darinnen bösse verstopfungen.*

Phries' siebte Regel geht auf einen besonderen Konstitutionstypus ein. Wer nämlich von *heisser und truckner complexion* sei, dazu schwächlich von Geburt, darf nicht zu lange baden, sich hinterher auch nicht zu kräftig abreiben lassen, sonst seien schlimme Folgen zu befürchten.

Achtung vor Erkältungen! So mahnt Doktor Phries weiter: Wer aus dem heissen Wasser steigt, bedeckt sich so schnell wie möglich, *dass der luft nicht an ihn gange.* Der Körper sei jetzt ohnehin geschwächt, ein unerwarteter Luftzug um so schädlicher, da er bis *in die tieffe des leibs* vorzudringen vermöge.

Regel Nummer neun: Auf das Bad eine Ruhepause einschalten, in der sich der Körper erholen kann. Auch Seele und Geist bedürfen jetzt der Ruhe. Wer zudem unter dickem Deckbett schwitze, werde die letzten Körperschlacken los – die *uberflüssigkeiten,* welche das Wasser *subteil gemacht* habe und die jetzt an die Peripherie des Leibes gelangten und vom Schweiss weggeschwemmt würden.

Kaum ein Bildzeugnis fängt die wilde Freiheit des Gebirgsbades so unmittelbar ein wie diese Federzeichnung des Thurgauers Peter Flötner (1490 bis 1546). Aber selbst die Heilungsuchenden, die fern von jeglichem Kurbetrieb die göttliche Gabe nutzten, hielten sich an bestimmte Kurregeln.

Vor dem anschliessenden Essen – so Regel zehn – unbedingt einen Spaziergang einschalten! Der vertreibt nämlich die *tempff und windikeiten*, also die durch das Bad ausgelösten Blähungen. Wer sich zum Gehen zu schwach fühlt, soll sich wenigstens mit einem heissen Tuch abreiben lassen oder aber noch vor dem Essen ein Suppositorium oder *zepflin* aus Honig und Mangoldwurzel einschieben.

Doktor Phries' elfte Regel befasst sich ausführlich mit der Diät, die der verantwortungsvolle Kurgast einhält. Der Haupttenor dabei: Alle Extreme meiden! Man esse nicht zu kalt und nicht zu heiss, nicht zu grob und nicht zu feucht. Am besten bekommt dem Kurgast leichtes, helles Fleisch wie Kalb- und Lammfleisch, dazu Geflügel – aber ja keine Wasservögel. Von Milch und Milchspeisen ist unbedingt abzuraten, die Milch nämlich werde im Magen sauer, ausser sie sei süss und *nüwlichen gemolcken*. Vor Gemüsen aller Art warnt Phries ausdrücklich; erlaubt sind bloss rote Erbsen und in Fleischbrühe gekochte Gerste. Auch von Früchten rät der Doktor ab – *wann sie leichtlichen im magen faulend*. Sämtliche Nahrungsmittel darf man nur leicht gewürzt zu sich nehmen, wobei Ingwer, Zimt und Muskatnuss erlaubt sind, Zwiebel, Knoblauch, Pfeffer und Senf hingegen auf der Verbotsliste stehen. Zum Essen trinkt man am besten einen leichten Weisswein, auf keinen Fall aber Wasser. Denn da die Glieder jetzt *ausgelert und erhitziget seind*, bestehe Gefahr, dass das Wasser viel zu schnell in die Extremitäten fliesse und diese aufschwemme, während der Wein viel langsamer absorbiert werde. Ganz allgemein soll der Esser ein gesundes Mittelmass finden. Isst er zuviel, so belastet er den ohnehin mitgenommenen Organismus; nimmt er aber zuwenig zu sich, so ersetzt der Körper die verlorene Energie nicht.

Nach dem Essen – so Regel Nummer zwölf – mindestens sechs Stunden warten, bevor man sich wieder ins Bassin begibt. Unverdaute Speise wird nämlich vom Magen direkt in die Leber *und ire adern* gezogen und richtet dort durch Verstopfungen unnennbaren Schaden an.

Auch auf eine andere, nur allzu naheliegende Weise darf sich der Kurgast die Zwischenstunden nicht verkürzen. Sex im Bad – die *werck der liebe* in Phries' Worten – schadet nur. Der Doktor erklärt auch warum – allerdings im Tonfall des ungehörten Propheten, der seine Weisungen nur aus Gründen der Konsequenz vervollständigt. Im Bad würden nämlich die Körperfeuchtigkeiten ohnedies aufgebraucht. Leidenschaftliche Schäferstunden aber brauchen die durchs Essen gelieferten Energien auf, die der Gast für die Badekur bitter benötigt. *Wie dann bezügt Avicenna XX. terti u.s.w.* fügt Phries etwas hilflos bei – schon sein Etcetera verrät, dass er nicht eigentlich darauf hofft, mit dieser Kurregel durchzudringen.

Wie lange bleibt man im Wasser?

Was trotz der ausführlichen Liste noch unklar bleibt: Wie lange soll denn der Kurgast nun eigentlich im geselligen Bassin bleiben? Brettspiele, gemeinsame Lieder, die Badgerichte – all dies deutet darauf hin, dass man im 16. Jahrhundert mit anderen Ellen misst als in den Bäderkliniken von heute, wo mitunter Warntafeln mit der Aufschrift *Höchstdauer 20 Minuten* den Patienten empfangen. Der Kurgast der Reformationszeit kennt als kleinste Einheit die Stunde; in Ausnahmefällen verlässt er das Wasser sogar während Tagen nicht.

Als Faustregel gilt für den Patienten dieser Zeit: hundert Badestunden, verteilt auf drei Wochen, wobei er mit Vorteil «auf- und absteigend» badet – von zwei Bassinstunden in den ersten Tagen auf deren zehn während der Mitte der Kur, dann wieder zurück auf zwei Tagesstunden. Übereifrige legten sich freilich ganz anders ins Zeug. Ein gewisser Lukas Rem aus Augsburg brachte 127 Badestunden in achtzehn Tagen unter, begann freilich auch mit einer Anfangsfrequenz von vier Stunden. Noch 1676 schrieb der Pfäferser Badearzt acht tägliche Wasserstunden bei Kurbeginn vor, die bis zu Tag Vier auf zwölf Stunden gesteigert werden mussten.

Vernunft nahmen die Wasserheilkundigen erst im 19. Jahrhundert an. 1818 galt als Faustregel im aargauischen Baden, täglich eine Stunde im Wasser zu absolvieren; auch in Ragaz überschritt man 1857 diese Badedauer nicht mehr.

Vom «Aufbrechen» der Haut

Dass der unaufhörliche thermische und chemische Reiz die Haut angriff, wird niemanden verwundern. Entzündungen, Ausschläge, mit wässrigen Pusteln bedeckte Haut – all dies war an der Tagesordnung. Nur dass sich weder Arzt noch Patient Sorgen machten – im Gegenteil. Für das richtige Gelingen der Kur war der Ausschlag geradezu unentbehrlich. Kein Geringerer als Paracelsus begründete das Aufbrechen der Haut mit dem Argument, die Poren allein würden nicht ausreichen, die von ihm vermutete «Krankheitsmaterie» auszuschwemmen: *Dieweyl söliche Materia in leib verschlossen durch die schweisslöcher nit mag usgan, so muess die hut hinweg.* Im Gegenteil – wer längere Zeit mit intakter Haut badet, begibt sich in eigentliche Lebensgefahr, denn die Körpertemperatur steigt unaufhörlich an, was zu gefährlichem Fieber und *letzlich* zum Tod führe.

Im Volksmund unterscheidet man zwischen zwei Stadien des Ausschlags, dem «Obrist Fresser» und dem «Obrist Kratz». Im «Fresser»-Stadium brennt die Haut wie Feuer; der Patient hält den Aufenthalt im Wasser nur unter Qualen aus. In der «Kratz»-Phase hat sich das Brennen zwar gemildert, dafür juckt es den Badegast nun an allen Ecken und Enden, ausser wenn er ins Wasser eintaucht. Umgekehrt signalisiert das Jucken den bevorstehenden Kurerfolg. Denn die krankmachende Materie hat sich dicht unter der Haut angesammelt und wird weggeschwemmt, sobald die Epidermis genügend Risse aufweist…

So sehr verankerte sich der vermeintlich optimale Therapieablauf Brennen – Jucken – Aufbrechen – Genesung, dass viele Patienten die Kur zu beschleunigen suchten, indem sie Tag und Nacht badeten und damit nicht nur die Kosten für das Gasthaus einsparten, sondern auch das Aufbrechen beschleunigten. Hier schritten die Badeärzte nun freilich energisch ein. Der Badener Mediziner Alexander Sytz schimpfte über die Rekordpatienten, die sich auf diese Weise selbst schwächten: *brechent inen ir natürlich schlaff und ruh, merglent sich selbs ganz crafftlos ab.* Im Bad zu schlafen sei geradezu lebensgefährlich, denn der Schlaf ziehe den *spiritus* ins Körperinnere und stosse die Wirkung des Heilwassers wieder ab.

Daneben bestand aber auch die ganz reale Gefahr des Ertrinkens im Schlaf. *Suffucatus in balneo* – ertrunken im Bade – lautete der Eintrag in den Archiven vieler Heilbäder von Pfäfers bis Bad Gastein. Zur Ermüdung trug selbstverständlich auch der übermässige Alkoholgenuss bei – wie bei jenem unglücklichen Besucher der Oberen Badstube in Winterthur, der 1669 bei einem Besuch *in einem wynrüschlin entnuckte;* er wurde dabei *so versotten, dass er noch selbigen Abend den Hinscheyd aus dieser Welt ergriffen.*

Baden oder Trinken?

Je mehr, desto besser – diesen Grundsatz wandten unberatene Badegäste auch auf die Trinkkur an. Auch hier kannte man das Prinzip des Auf- und Absteigens, begann mit zwei bis drei Bechern im Tag und steigerte sich auf Mengen von mehreren Litern. Und so wie die Badekur in einer Krise gipfelte, bei der sich die Haut entzündete, glaubte man auch bei der Trinkkur an kein Gelingen, wenn keine gründliche Verstimmung auftrat. Erst wenn sich Magenschmerzen, Appetitverlust, belegte Zunge und allgemeine Mattigkeit einstellten, begann das Heilwasser innerlich zu wirken.

Wer Bade- und Trinkkur kombinierte, begab sich nach Ansicht einzelner Ärzte geradezu in Lebensgefahr. Für den Bademediziner Hans Sommer etwa schlossen sich die beiden Anwendungsarten grundsätzlich aus. Wer trinke, spüle die krankmachende Materie ins Leibesinnere; das Bad aber ziehe sie an die Hautoberfläche. Wer beides anwende, veranstalte einen *stethen widerstreit* in seinem Körper, der ohne weiteres mit dem Tod enden könne.

Conrad Gesner, der unerschrockene Zürcher Wissenschafter, probierte es allen Mahnungen zum Trotz mit beiden Methoden. Bei einer Kur im aargauischen Baden begann er um fünf Uhr früh mit einem zweistündigen Bad, woran er eine einstündige Kur knüpfte. Der tollkühne Arzt ging noch weiter – abends trank er seine Heilwasserportion im Bad sitzend, was manche Mitgäste als glatten Selbstmord verdammten.

Selbstverständlich richtete man die Wahl der Kurart auch nach den Eigenschaften des Wassers. Schwefelwasser wurde oft getrunken; in eisenhaltigen Quellen badete man. Allgemein formuliert, legte man um 1500 mehr Gewicht auf die Badekur; ab 1600 kam fast überall die Trinkkur in Mode.

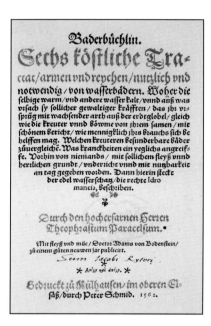

«Corporalische» und «spiritualische» Tugenden

Woher bezogen die geheimnisvollen Quellwasser denn nun aber ihre Heilkraft? Dazu weiss das 16. Jahrhundert eine Vielfalt von Antworten – zum Teil unvereinbarer Natur. Vor allem gilt es zwischen den «corporalischen» und den «spiritualischen» Eigenschaften des Borns zu unterscheiden. Dass das Wasser während seines unterirdischen Laufs über Erzadern oder Minerallager kleine Mengen dieser Substanzen löste, scheint uns heute als Erklärung einleuchtend genug. Für die Ärzte der beginnenden Neuzeit ist damit aber nur wenig gesagt.

Zwar entdeckt man gerade zur Zeit der ersten modernen Bäderliteratur den Destillationsprozess, der es erlaubt, die im Wasser enthaltenen Mineralien zu analysieren. Solch grobe körperliche Beimischung hat aber auf die therapeutischen Eigenschaften praktisch keinen Einfluss; «corporal» vermischte Substanzen schaden dem Menschen laut Badearzt Leonhard Thurneisser (1576) mitunter eher. Das Quellwasser nehme bei seinem unterirdischen Lauf zwar mineralische Substanzen auf, gleichzeitig aber auch deren Wesensprinzip – den *spiritus*. Ja Paracelsus geht noch weiter: Auch wenn sich weder Schwefel, Eisen oder Kalk im Wasser nachweisen lassen, kann dieses durchaus gewisse Eigenschaften dieser Stoffe aufgenommen haben. Dies geschieht, wenn die subterranen Ströme an den Stätten vorbeifliessen, an denen das Erdinnere seine Metalle und Mineralien gebärt.

Dabei – so Paracelsus weiter – kommt es auf den Zeitpunkt an, zu dem dieser Kontakt stattfindet. Noch nicht ausgereifte, sogenannt unzeitige Metalle geben nämlich bloss ihren *spiritus* ab, nicht aber die dazugehörige Kraft. Die Sache kompliziert sich weiter, wenn sich beim Durchfluss «kältende» und «hitzige» Mineralien dem Wasser mitteilen. Damit entsteht im Wasser selbst ein heilloser Widerstreit; es nimmt Spuren oder *spiriti* anderer Substanzen auf – Marmor, Edelstein, Berggrün, Rost oder Lasur, die alle die Reinheit der Mischung und damit die Heilkraft gefährden.

Nun gilt es aber noch, die Eigenschaften der – körperlich oder geistig – gelösten Substanzen den Elementen, den Körpersäften und den Planeten zuzuordnen. Erst dann stösst man auf die richtige Indikation. So gehört, wer unter dem Zeichen des Planeten Mars geboren wurde, zur Kur nach Baden. Denn dem Schwefel dieser Therme – einem rohen, «hitzigen» Element, – entspricht der rötlich glühende Mars, der «brennende» Planet. Baden ist aber auch bei Gebärmutterbeschwerden wirksam, ohne dass die Patientin deshalb im Zeichen des Mars geboren sein muss. Denn die Gebärmutter selbst wird dem «feurigen» Prinzip zugeordnet.

Das alchemistische Weltbild der beginnenden Neuzeit sieht überall geheime Entsprechungen zwischen Erde, Mensch und Kosmos. Das Wasser nimmt in diesem Parallelogramm der Kräfte die Rolle eines Kommunikationsträgers ein. Es verbindet Oben und Unten, transportiert Botschaften aus dem Erdinnern ins Reich der Menschen. Dass somit auch Pflanzen und Tiere nahtlos ins vielschichtige System gehören, erstaunt weiter nicht. Als «hitziges» Kraut beispielsweise gehören Steinbrech und Beifuss zur Dreiheit Mars/Schwefel/Gebärmutter; im Temperament entspricht der Choleriker, der «verbrannte», schwarze und dürre Mann, dieser Gruppe.

Paracelsus treibt die Parallelen zwischen Gewächsen und Quellen noch weiter. Dass «seine» Pfäferser Quelle wegen der Schneeschmelze im Frühjahr stärker fliesst, genügt ihm als Erklärung nicht. Die Kräuter würden von der jetzt länger scheinenden Sonne zum Wachstum gezwungen, und genauso sei es mit dem Quellwasser: *also wirt auch gezwungen in der potenz und operation der sunnen, dass das bad Pfefers auch hierfür muss und sich erzeige neben den irdischen gewechsen.*

Praktisch alle Autoren sind sich einig, dass der Regen die Heilkraft des Quellwassers beeinträchtigt. Die Regenwasser *leschent ab der wiltbeder tugent,* behauptet Alexander Sytz. Gewöhnliches Wasser neutralisiert die dem Quellwasser innewohnenden Heilprinzipien. Der Regen enthält ja auch *feulnis und schleym,* den er aus den Wolken gelöst hat. Diese unappetitlichen Stoffe dürfen keinesfalls ins heilige Wasser gelangen: Was der geheimnisvolle Berg spendet, muss unvermischt bleiben.

Lehmpackungen

Wie aber gelangen die heilenden Substanzen und Prinzipien überhaupt ins Körperinnere des Patienten? Im allgemeinen – so die Ärzte der beginnenden Neuzeit – genügen die gebräuchlichen Bade- und Trinkkuren, sofern man das richtige Bad und die dem jeweiligen Sternzeichen bekömmliche Jahreszeit für die Kur gewählt hat, weiter auch nicht mit unsinnigen Badesitten dem Kurerfolg entgegenwirkt. Wie wir gesehen haben, kann ja beispielsweise gesündigt werden, indem man die dem Wasser innewohnenden Prinzipien von innen wie von aussen aufnimmt und so einen *widerstreyt* im eigenen Körper veranstaltet oder durch Schlafen im Bassin die Richtung der *spiriti* verändert.

Trotzdem gibt es Fälle, wo die natürlichen Eintrittspforten für die geheimnisvollen Quellstoffe nicht ausreichen. Normalerweise absorbiert sie der Gast, indem sie *der lyb durch sin schweisslöcher an sich ziehet*. Wenn nun aber haut, fleisch, geäder und *Bein* das vollkommene Eindringen verwehren, muss man die Wirkung des Quellwassers verstärken. Dies geschieht vor allem durch Verdampfen: Man setzt den Patienten in einen abgeschlossenen Raum, in dem frisches Quellwasser auf heisse Steine gegossen oder in einem Gefäss verdampft wird. Setzen sich Mineralien am Boden des Gefässes ab, kann man auch sie brauchen: Dieser *letten* oder Lehm wird auf das erkrankte Glied gestrichen – ein Vorläufer der heute gebräuchlichen Packungen. Aber auch das Dampfbad lässt sich nochmals verstärken, indem man dem Wasser Kräuter beigibt – selbstverständlich diejenigen Kräuter, die nach ihrer Konstellation den gelösten Mineralien, der zu behandelnden Krankheit, dem Temperament und dem Sternzeichen des Kurgastes entsprechen…

Demokratischer Zuber: Die Badstube

Wer um 1500 in Basel, Zürich oder Bern auf persönliche Sauberkeit hielt, brauchte trotz des häuslichen Mangels an sanitären Einrichtungen nicht zu verzagen. In einer von einem halben Dutzend Badstuben wartete folgendes Sauberkeitsprogramm auf ihn: Er wusch sich nach dem Ablegen der Kleider mit Lauge oder Brunnenwasser, setzte sich ins Dampfstübchen – eine Art Sauna –, wo er sich mit Birken- oder Eichenzweigen peitschte, um die Zirkulation zu verbessern, und liess sich hernach vom Badknecht eine Massage verpassen. Daran schlossen sich ein Wannen- oder Gussbad, allenfalls noch Kopfwäsche, Rasieren oder Haareschneiden, bei Bedarf auch Aderlassen oder Schröpfen.

Tatsächlich gleichen sich Mineralbäder und Badstuben, indem beide während Jahrhunderten als gesellige Treffpunkte dienten. Die Badstube war freilich noch mehr. Sie diente Frauen oder Männern als Coiffeur- und Kosmetiksalon zugleich, dazu als Sauna und Fitnesszentrum, mitunter auch als Liebeslaube. Denn in vielen Fällen erwies sich der Schritt von der Bademagd oder *rîberin* zur Prostituierten als erstaunlich kurz: Die lockere Atmosphäre, die vorherrschende Nacktheit, das wahre Dschungelklima mit der dampfgeschwängerten Luft ermutigten Ausschweifungen aller Art. Wenn wir dem Thema «Badstube» verhältnismässig breiten Raum gewähren, so deshalb, weil sich erstaunliche Parallelen und lehrreiche Kontraste ergeben.

Coiffeursalon und Fitnessclub

Die Holzschnitte und Kupferstiche der Zeit zeigen es: Man badete in grossen Holzbottichen, die für einen oder zwei Gäste Platz boten. Das Dampfbad war meist ein kleiner, düsterer Raum, in dem man ganz einfach heisse Steine mit Wasser – oft noch versetzt mit Kräutern – begoss. Wie gesehen, liessen sich die männlichen Gäste beim Bader gleich auch noch rasieren. Für diese Prozedur führte man erst um 1500 die Anwendung von Seifenschaum ein; vor diesem Datum begnügte man sich damit, den Stoppelbart in der feuchtheissen Luft etwas aufweichen zu lassen.

Viele Abbildungen zeigen Bader beim Haarwaschen – eine Prozedur, der man auch gesundheitsfördernde Wirkung beimass. Die Haarwäsche, so glaubte man, kläre den Kopf und schütze vor Kopfschmerzen. Für die Lauge verwendete man Kräuter aller Art, vor allem Kamillenblüten, die man aussott oder, in kleine Beutel genäht, der Lauge zusetzte. Eine Beigabe von «Läussamensaft» vertrieb Läuse und Nissen.

Die Zunftscheibe der Scherer und Bader (im Wappen Rasiermesser und Lasseisen, eine Lanzette für den Aderlass) gibt Auskunft über die Dienstleistungen, die man in der Badstube anbietet: Schwitzbad, Massage, Kräuterbad für einzelne Gliedmassen, Schröpfen.

Bekleidete Kollegen machen sich lustig über einen Badenden, dem Schröpfköpfe aufgesetzt werden. Diese erwärmten Gefässe aus Glas oder Horn zogen eine Blutbeule, die angeritzt wurde: eine sanfte Form der Blutentnahme.

Manche Kunden nutzten die Gelegenheit, auch gleich zu Ader zu lassen oder zu schröpfen – letzteres eine etwas barbarische Angelegenheit, bei der man dem Gast ein halbes Dutzend Saugköpfe auf Rücken und Arme setzte. Diese Schröpf-«Hörnli» oder -köpfe bestanden aus Glas, seltener aus Horn oder Messing. Der Bader oder Badknecht verdünnte die Luft im Gefäss, indem er es über einer Flamme erhitzte. Darauf wurde das «Hörnli» angesetzt und zog in kürzester Zeit eine Blutbeule, die mit Rasiermesser oder Schnepper leicht geritzt wurde. Innert weniger Minuten füllte sich das Glas mit Blut und wurde abgenommen; von der Blutentnahme glaubte man, sie kläre den Kopf, senke allfälliges Fieber und helfe dazu, Krankheitskeime loszuwerden. In den meisten Fällen berechtigte das Eintrittsgeld für die Badstube auch gleich zum Schröpfen. So bezahlte im Jahre 1604 ein Zürcher für seinen Besuch einen halben Batzen, wofür er zehn «Hörnli» zugute hatte.

Dass die populäre Massnahme auch in den Heilbädern zur Anwendung kam, braucht nicht betont zu werden. Schon Badearzt Pantaleon hatte um 1500 im Limmatstädtchen Baden über die Gäste geklagt, die sich von Hörnchen strotzend ins Gemeinschaftsbassin setzten, wobei offenbar mancher Tropfen ins Heilwasser fiel: dieses sei *dermassen geferbet, als wenn man in dem blute bade*. Die Gäste legten sich, so Pantaleon, keinerlei Rechenschaft darüber ab, wie sehr sie durch den Blutverlust geschwächt würden: *Hie ist sich hoch zu verwundern, dass man das schräpffen dermassen missbrauchet, dann es will jedermann schräpffen, und vermeinen mehrtheils, sie haben nit gebadet, wann sie nit voll hörnlin als ein igel hangend.*

Aber zurück zur öffentlichen Badstube, wo sich der Gast nach Bad, Sauna, Haarwäsche und Schröpfen auch noch massieren lassen kann – was wohl am meisten zum schlechten Ruf vieler solcher Etablissements beigetragen hat. Denn offenbar liess es das weibliche Badepersonal in vielen Fällen nicht beim Shampoonieren oder beim Massieren bewenden. Das Wort *rîberin* – für Badreiberin – galt vielerorts als Synonym für Hure. Wie es denn überhaupt mit dem Berufsimage des Baders nicht zum besten stand. Manche Ratsverordnungen in Luzern oder Basel stellen seinen Betrieb gleich neben das Freudenhaus, betrachten ihn also als besseren Zuhälter. Der Bader gilt als geschwätzig, als Zuträger und Kolporteur. So geht denn auch das Verb *salbadern* (schwätzen, ein loses Maulwerk führen) auf einen bestimmten «Saal-Bader» in Jena zurück, der durch seine lose Zunge unangenehm auffiel.

Nicht genug damit: Der Bader knüpfte meist auch endlose Händel mit Angehörigen benachbarter Berufsgattungen an, so mit den Scherern, die ihm sein Recht auf das Rasieren in der Badstube streitig machten. Aber auch den Ärzten pfuschte er ins Handwerk, führt doch schon das Schröpfen in ein eigentliches Niemandsland zwischen Medizin und Kosmetik. Aber auch Geschwüre und offene Wunden konnte man in der Badstube behandeln lassen, was zu jahrhundertelangen Streitigkeiten mit den gelernten Medizinern führte. Trotzdem wirkten – vor allem auf dem Land – die Bader oft als Barfussärzte, ohne die mancher Bruch ungeschient und manche Wunde unverbunden geblieben wären.

Gemischtsauna: ein heikles Kapitel

Trotz unzähliger Verordnungen brachten die Ratsherren der spätmittelalterlichen Schweizer Städte keine rechte Ordnung in die Frage, inwieweit in der Badstube Geschlechtertrennung herrschen solle. In Basel beispielsweise machte man sich in Anbetracht des Andrangs zum Konzil des Jahres 1431 ausführlich Gedanken. *Nachdem vil frömdes lutes harkommen wirt*, so lässt der Rat verlauten, könne man den Skandal «gemischter» Badstuben nicht weiter dulden. Die geistlichen Herren von auswärts müssten ja denken, in der Rheinstadt hause ein zuchtloses Heidenvolk... In der Folge benennt man «Frauenbader» und «Herrenbader»; jeder Badstubeninhaber muss sich also auf dasjenige Geschlecht festlegen, von dem er sich am meisten Umsatz und Rendite erhofft. Freilich dürfen sich nun auch Eheleute nicht mehr gemeinsam ins Bad begeben – vielleicht mit ein Grund, weshalb sich um 1500 manch vornehmes Bürgerhaus seine eigene Badstube einrichtet. Diese kostspielige Lösung bleibt allerdings nur ganz wenigen vorbehalten.

Auch in Zürich forderten die Männer des heiligen Wortes immer wieder getrennte Bäder. Aber der Erfolg blieb ihnen versagt. Noch 1524, also fünf Jahre nach Beginn der Reformation, liessen sich in den Badstuben der Stadt Männlein und Weiblein einträchtiglich im gleichen Raum abspülen, reiben, schröpfen und shampoonieren. Ab und zu setzte wieder mal ein Ratsherr durch, dass die *rîberinnen* nur weibliche, die Badknechte nur männliche Kundschaft bedienen durften. Aber auch hier fehlten die Organe zur Überwachung der strengen Vorschriften.

Badmeister und Kunde (um 1500). Beide tragen den in der Badstube populären Strohhut. Die an verschiedenen Körperstellen angesetzten Hörnchen sollen wohl gezielt einzelne Beschwerden behandeln. Die Zweige in der Hand des Badkunden dienen zum Streichen und Peitschen der Extremitäten und damit zum Fördern der Blutzirkulation.

Wasser und Feuer

Trotz all dieser Probleme überrascht es eigentlich doch, dass sich der Stadtbürger des Mittelalters und der beginnenden Neuzeit offensichtlich ein- oder zweimal pro Woche ein Vollbad mit Sauna, Kopfwäsche, vielleicht sogar Massage leistet. Erst in unserem Jahrhundert wird dieser Hygienestand wieder erreicht werden. Nur dass sich die Badstuben leider auf die Dauer nicht hielten – aus vielfältigen Gründen, die weniger mit Moral als mit logistischen und hygienischen Erwägungen zu tun haben.

So stellten sich schon bei sechs bis zehn Badstuben pro 7000–8000 Einwohner (dies die Bürgerzahl unserer grossen Städte um 1450) gewichtige Probleme der Wasserversorgung und -entsorgung; dazu machte der Nachschub an Brennholz zum Aufheizen der beträchtlichen Wassermengen manchen städtischen Gemeinwesen zu schaffen. In Bern beispielsweise war es den Badern erlaubt, ihren Brennholzbedarf im Stadtwald zu schlagen – ein Privileg, das schon bald in eigentlichen Raubbau ausartete.

Überall gab das Restwasser der Badstuben zu reden. In den meisten Fällen floss es in die Abzuggräben zwischen den Häusern, die sogenannten *Ehgräben,* wo die seifige Lauge für mancherlei Unfrieden sorgte. Anlass zu Klagen gab auch die mangelnde Qualität des Badwassers, das der Badknecht mitunter aus offenen, fliessenden Gewässern holte, an denen aber auch der Metzger seine Därme spülte, der Gerber seine Felle fegte. Versorgte sich der Badknecht an einem der öffentlichen Brunnen, wo das Wasser mitunter recht spärlich floss, kam es zu Auseinandersetzungen wegen der ungebührlich grossen Wassermengen für einen einzelnen Betrieb.

Als nach 1550 die Brennholzpreise massiv anstiegen, geriet das Badergewerbe in eine Krise, von der es sich nicht mehr erholen sollte. Das zeigen ein paar statistische Belege. Um 1400 beispielsweise zählte man in der Stadt Basel sechzehn Badstuben; um 1530 waren es noch sieben. Ähnlich die Zahlen für Zürich. Dort konnte man um 1400 zwischen fünf Betrieben aussuchen; um 1700 gab es gerade noch zwei Badstuben.

Zum plötzlichen Einbruch in der Branche trug bestimmt bei, dass die Mineralbäder ab 1500 immer stärkeren Zulauf fanden. Aber das Gewerbe selbst hatte seinen guten Ruf verscherzt: Viele gutbeleumdete Bürger trauten sich nicht mehr in die offensichtlich zwielichtig gewordenen Etablissements.

Noch stärker wirkten sich die verheerenden Pest- und Syphilisepidemien des 16. Jahrhunderts aus. Bei Pestgefahr rieten die Ärzte entschieden von «überflüssigem und hitzigendem Schweissbaden» ab, dazu fürchtete man sich vor der Übertragung durch Drittpersonen. Auch bei der Syphilis, die ab 1495 erstmals in der Eidgenossenschaft auftrat, übertrugen Lasseisen und Schröpfschnepper die Krankheitskeime – dies mit solch trauriger Präzision, dass es im Volksmund bald einmal hiess, alle Badstubenbesucher würden an der Lustseuche erkranken.

Natürlich zählten alle diese Bedenken auch für die Heilbäder. Trotzdem zeigte sich hier während der grossen Epidemien keinerlei massiver Einbruch – dies vor allem, weil man den Quellen immer noch göttlichen Ursprung zuschrieb, so dass eine Ansteckung der höheren Vorsehung widersprochen hätte. Zudem liessen die offen zutageliegenden Bäder eine bessere Kontrolle zu als die düsteren und dampfigen Badstuben; bereits Infizierte wurden hier eher erkannt und zurückgewiesen.

«Frauen-Badestube»: ein Holzschnitt des Hans Sebald Beheim (um 1530). Nach Geschlechtern getrennt wurde in vielen städtischen Etablissements gebadet; wie bei den heutigen Saunas setzte man bestimmte Wochentage für Männer und Frauen fest. Trotzdem mussten die Behörden während Jahrzehnten gegen das gemeinsame Baden unverheirateter Kunden wettern.

Badstuben-Jekami

Begreiflich also, dass man sich wo immer möglich seine eigene, vor gefährlichen Keimen sichere Badstube einrichtete – und sei es nur durch die Anschaffung einer Bütte oder Wanne, die man nach Bedarf in die Küche oder einen Vorraum stellte, um sich den wöchentlichen Dreck abzuschrubben. Meist waren die Wannen aus Holz gefertigt und so leicht wie möglich gehalten – *bädle, die man hin und wider tragen mag*. Das heisse Wasser lieferte im Bürger- und Bauernhaus der Kachelofen, in den ja meist ein kupferner Kessel eingemauert war; zusätzlich setzte man Wasser am Kochherd auf. Bot die Wanne genügend Raum, so improvisierte man gerne einen kleinen Tisch, indem man ein Brett von Wannenrand zu Wannenrand legte, auf das man die Kannen und Schüsseln stellte.

Aber auch das Kräuterbad, das die öffentlichen Badstuben angeboten hatten, liess sich zu Hause nachvollziehen. Kräuter nützten – so jedenfalls der Rat des Sanktgaller Bürgermeisters von Watt – gegen die Pest, Kräuter hatten aber auch verjüngende und kosmetische Eigenschaften, erhöhten überhaupt das allgemeine Wohlbefinden. Viel brauchte es nicht für ein solches Kräuterbad: So improvisierte man mit einem bedeckten Zuber und ein paar heissen Steinen eine Mini-Sauna, in der man einen

Kräuterabsud verdampfen liess. Damit der wohltätige Schwall nicht allzu schnell abzog, deckte man die ganze Einrichtung mit einem zeltartigen Überwurf ab oder breitete einen Teppich über der dampfenden Wanne aus. Der Badelustige setzte sich auf einem Stuhl über die dampfenden Steine und liess von Zeit zu Zeit neuen Absud aufgiessen.

Manche Gesundheitsbeflissenen imitierten zu Hause sogar die Kur im Mineralbad – dies, indem sie gewöhnliches Brunnenwasser mit Mineralien anreicherten und wie im Heilbad während Stunden in ihrer Lösung sitzenblieben. Ein Schaffhauser namens Hans Stockar berichtet im Jahre 1528, er habe im eigenen Haus 33 Tage lang gebadet und dabei einen schönen Ausschlag erzielt. Auch Felix Platter ging mit Hauskuren gegen den Aussatz vor und verschrieb seinen Patienten mehrstündige Kräuterbäder, die mit Sitzungen im hauseigenen Dampfbad abwechselten. Als heilender Zusatz galten allerlei abenteuerliche Beigaben: Es gab Hausbäder mit Öl-, Milch-, Molken- und Weinzusatz; mitunter sott man einen Fuchs oder einen Dachs mit oder goss eine Art Fleischbrühe zu, die laut Pantaleon *ab Kalbsköpfen und füssen gesotten war*.

Über soviel Therapie darf man freilich nicht vergessen: das Hausbad galt in weniger gefährlichen Zeiten auch als Ort der Geselligkeit. Wer genügend Platz – und Wannen – sein eigen nannte, lud durchaus mal seine Freunde zum gemeinsamen Bad, füllte die Wannen mit wohlriechenden Kräutern und stellte ein paar Kannen Wein auf den improvisierten Tisch. Hatte man die ersten paar Gläser geleert, so erhob sich mehr oder minder wohltönender Gesang. Ob Heilquelle oder häusliche Wanne: Durch alle Zeiten hindurch hängen Wohlbefinden und Lebensfreude eng mit der Gottesgabe des wärmenden, reinigenden Bades zusammen.

Bibliographie

Branger, Erhard: Eine Badeordnung von Pfäfers aus dem Jahre 1603. In: Schweiz. Archiv für Volkskunde 9/1905.

Dryander, Johannes: Artzney Spiegel. Frankfurt 1547.

Fricker, Bartholomäus: Anthologia ex thermis Badensibus./Eine Blumenlese aus den Aufzeichnungen alter Schriftsteller über die Bäder zu Baden. Aarau 1883.

Hess, David: Die Badenfahrt. Zürich 1818.

Hoffmann-Krayer, E.: Ein Badenschenkgedicht aus der Wende des 15. Jahrhunderts. Schweiz. Archiv für Volkskunde 14/1910.

Kaiser, J. A.: Die Heilquelle zu Pfäfers und Hof Ragaz. St.Gallen 1859.

Liebenau, Theodor von: Das Gasthof- und Wirtshauswesen in der Schweiz. Zürich 1891.

Lüthy, Adrian: Die Mineralbäder des Kantons Bern. Diss. Bern 1957.

Maler, Josua: Selbstbiographie. Zürcher Taschenbuch 1885/86.

Martin, Alfred: Deutsches Badewesen in vergangenen Tagen. Jena 1906.

Meyer-Ahrens, Conrad: Die Heilquellen und Kurorte der Schweiz. Zürich 1867.

Neeracher, Otto: Bader und Badewesen in der Stadt Basel. Diss. Basel 1933.

Nussberger, G.: Heilquellen und Bäder im Kanton Graubünden. Chur 1914.

Paracelsus, Theophrastus: Von den natürlichen Bädern. Sämtliche Werke I; Hg. Karl Sudhoff; München/Berlin 1930.

Phries, Laurentius: Tractat der Wildbeder natur. Strassburg 1519.

Platter, Felix: Tagebuch. Hrsg Valentin Lötscher. Basler Chroniken 10; Basel 1976.

Scheuchzer, Johann Jakob: Hydrographia Helvetica (=Natur-Histori des Schweitzerlandes II). Zürich 1717.

Schubiger, F.: Geschichte der Heilbäder im Kanton Solothurn. Jahrbuch für solothurnische Geschichte 6/1933.

Sytz, Alexander: Oberbaden im Ergöw. o. O. 1576.

Thurneisser, Leonhard: Zehen Bücher von kalten / warmen / minerischen und Metallischen Wassern. Frankfurt 1572.

Treichler, Hans Peter: Wonnige Badenfahrt. Von Jungbrunnen und Mineralbädern in der Alten Schweiz. Zürich 1980.

ders.: Gründung der Gegenwart. Porträts aus der Schweiz der Jahre 1850–1880. Zürich 1985.

Zehnder, Leo: Volkskundliches in der älteren schweizerischen Chronistik. Basel 1976.

Ziegler, Peter: Zürcher Sittenmandate. Zürich 1978.

Eine Badereise durch die Schweiz
Jost Camenzind

Baden

Bereits die badefreudigen Römer nutzten die mineralreichsten Thermen der Schweiz in Baden und nannten sie «Aquae Helveticae». Aus den 19 gefassten Quellen sprudeln heute täglich eine Million Liter 47 °C heisses Wasser.

Die ersten Freudalherren, allen voran die Habsburger, verhalfen den Thermen zu neuer Blüte. Baden erhielt im Jahre 1290 das Stadtrecht. Im 14. und 15. Jahrhundert war Baden nicht nur Heilstätte, sondern auch Ort der Lebensfreude und der lockeren Sitten. Männlein und Weiblein badeten gemeinsam, die Mahlzeiten wurden im Wasser eingenommen. Mit Gesang und Spielen vertrieb man sich die Zeit. Manche Braut liess sich im Ehevertrag einen jährlichen Badeaufenthalt zusichern. Die Klosterfrauen von Töss erkauften sich beim Papst gar die Erlaubnis, in weltlichen Kleidern nach Baden zu fahren.

Nicht nur Adel und Mittelstand, sondern auch die Armen und wenig Begüterten besuchten die Thermalquellen. Sie kurierten sich unentgeltlich in den zwei öffentlichen Bädern und stellten Schalen auf die Brüstung, um Almosen und Speisen entgegenzunehmen.

Zur Kur fuhr man mit Pferd und Wagen oder vom Zürcher Limmatquai aus mit einem Weidling die Limmat hinunter. Am 9. August 1847 erhielt Baden eine weitere Attraktion: Die erste Schweizerische Eisenbahn nahm zwischen Zürich und Baden ihren Betrieb auf. Schon bald hiess sie «Spanischbrötlibahn», weil die Bediensteten für ihre Herrschaften dieses Kurgebäck aus Baden holen mussten.

Heute ist Baden eine vielbesuchte Bäder- und Kulturstadt.

Bewundernde Blicke für eine Passantin in der Badener Innenstadt. Einen zweiten Blick verdienen aber auch die vielen ehrwürdigen Bauten der Limmatstadt, so der Löwenbrunnen und der Stadtturm mit den schmucken Erkern.

Aus 19 einzelnen Quellen sprudelt das 47 Grad heisse Wasser. Sie speisen das grosszügig angelegte Thermal-Schwimmbad, das Passanten und Hotelgäste sowohl im Freien wie in der Halle benützen können.

Baden

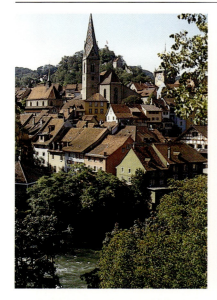

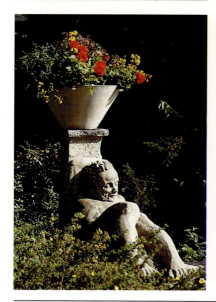

Stadtturm und Pfarrkirche prägen die Silhouette des Limmatstädtchens, und beim Bahnhof erinnert die gusseiserne meteorologische Säule an den Charme der grosselterlichen Epoche – ganz so wie das Atrium des Hotels «Blume».

Aus dem letzten Drittel des 19. Jahrhunderts stammt der Badener Kursaal, vor kurzem gründlich renoviert. Der Zauber der Belle Epoque hat in vielem überlebt – so im gepflegten Service (hier Impressionen aus dem Hotel «Verenahof») oder auf der Promenade entlang des Limmatufers mit ihrem alten Baumbestand.

Zurzach

Die mächtigen Blütenstände der Sonnenblume folgen dem Lauf der Sonne. Dem Lauf der Gestirne folgen aber auch, alter Anschauung zufolge, die unterirdischen Gewässer. Sonne, Mond und Planeten prägen ihre Eigenschaften. Der Bohrturm der Saline von Zurzach, heute nicht mehr in Betrieb, diente seit je der schweizerischen Salzversorgung.

Zurzach

Die Glocken beider Kirchen und das bescheidene Rathausglöcklein von Zurzach verkündeten am 5. September 1955 den Durchbruch: Aus fast 430 Metern Tiefe sprudelte 40 °C warmes Thermalwasser.

«Der Freudentaumel, der damals über die Zurzacher hereinbrach, ist unbeschreiblich», berichtet Dr. Walter Edelmann, Augenzeuge und Mitinitiant der Bohrung. Bereits 19 Tage später war Bad Zurzach Wirklichkeit geworden. Feierlich wurde eine mit 14 Wannen bestückte Baubaracke eingeweiht – in Abwesenheit der Mitglieder der Thermalquelle AG: Sie hatten sich in aller Eile aufgemacht, deutsche Badekurorte zu besuchen und ihre fehlende Ausbildung für die Errichtung eines Kurbades nachzuholen.

Irrtümer und Zufälle hatten zur Entdeckung der Therme geführt. Statt auf die erhoffte Steinkohle stiess man 1892 bei Bohrungen auf Steinsalz. 1912 erhielten die vereinigten Schweizerischen Rheinsalinen die Konzession zur Salzausbeutung.

Im Juni 1914 knackte der Bohrer die Granitschicht, und aus 416,24 Metern Tiefe sprudelte eine 38 °C warme Quelle. Sie floss nur wenige Tage, jedoch lange genug, um vom Wasser eine Analyse anfertigen zu können. Die Zurzacher glaubten an die Heilkraft, die Untersuchung bewies die Qualität der Mineralquelle.

In den folgenden Jahrzehnten brauchte es manchen Anlauf und vor allem Geld, bis eine erfolgreiche Bohrung abgeteuft war. Das eher seltene, alkalische Glaubersalzwasser sowie das damals erste Thermalschwimmbad ohne Überdachung begründeten die besondere Eigenart des Zurzacher Bades.

Dass Zurzach zu den jüngsten unter den schweizerischen Thermalkurorten gehört, bezeugt diese kühne Silhouette.

Die 40 Grad warme Zurzacher Quelle wurde im Jahre 1955 erschlossen. Seither brachte die grosszügig konzipierte Kuranlage mit Klinik, Frei- und Hallenbad regen Verkehr in den einstigen Messeflecken.

Zurzach

Während man in vergangenen Zeiten dem Kurgast riet, sich im Thermalwasser so passiv wie möglich zu verhalten, heisst die Devise heute Bewegung. Die vier Becken von Zurzach – besonders eindrücklich in der Vogelschau vom Turmhotel aus – bieten viel Dynamik: Fliessbad, Sprudelbänke, aber auch Tretbecken nach Kneippschem Rezept.

Bad Schinznach

Mehr als eine halbe Million Liter 36°C warmes Schwefelwasser treten täglich aus 1000 Metern Erdtiefe im Muschelkalkfelsen des Aarebettes aus: Bad Schinznach ist sich seines wertvollen Heilwassers seit Jahrhunderten bewusst. Funde aus der Steinzeit belegen, dass die Gegend zwischen Lenzburg und Brugg bereits vor den Helvetiern besiedelt war.

Die eigenwillige Quelle sprudelte mal auf einer Kiesbank, bald in der Aareniederung oder sogar auf festem Land zutage. Wenn die Aare ihren Lauf änderte, deckte sie die Quelle oft für Jahrzehnte zu. Ein Hochwasser beendete denn auch 1670 die erste, urkundlich belegte Blütezeit von Bad Schinznach.

1696 erwarb der Berner Baumeister Samuel Jenner das Bad. Der begabte Architekt baute noch im gleichen Jahr das Vorderhaus, 1704 den «Jennerflügel» und später die «Masséna-Scheune». Die heute renovierten Gebäude sind Zeugen seines Talents.

In der zweiten Hälfte des 18. Jahrhunderts war Bad Schinznach Treffpunkt der Helvetischen Gesellschaft. Damen und Herren mussten allerdings auf Schmuck verzichten; der Schwefel färbte das Gold sogar im Geldbeutel schwarz.

1922 erwarb eine Aktiengesellschaft das Bad. Ihr wichtigstes Anliegen war der Ausbau des Armenbades zu einem Spital. Damals wie heute werden rheumatische Erkrankungen der Gelenke und der Wirbelsäule, aber auch Hautkrankheiten und erhöhter Blutdruck behandelt.

In der Kuranlage von Bad Schinznach trafen sich im 18. Jahrhundert regelmässig die Mitglieder der Neuen Helvetischen Gesellschaft: Man kombinierte Erholung, Geselligkeit und gelehrte Erörterung.

Wo die Gelehrten und Staatsmänner einst im Morgenrock promenierten und über die Zukunft des Staates Rat hielten, findet man heute einen prächtigen Park mit gekiesten Wegen und schönem altem Baumbestand.

Bad Schinznach

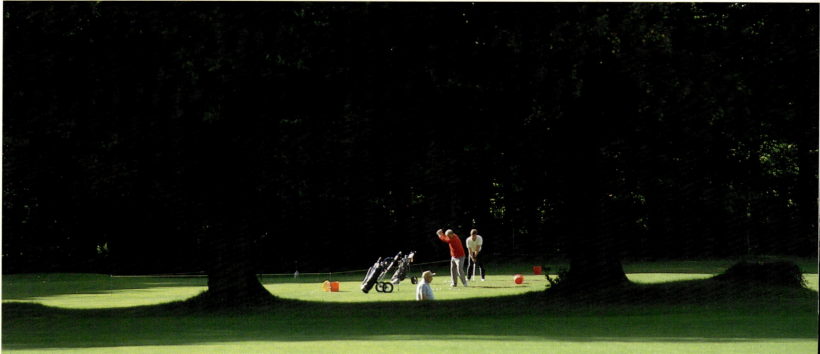

Der imposante Rundbau von Bad Schinznach gehört zu einer barocken Anlage im Feudalstil, mit der man zu Ende des 17. Jahrhunderts für die mehrmals «verlorenen» und wieder aufgefundenen Schwefelthermen einen Rahmen schaffte. Golfplätze sind im Schweizer Mittelland eine rare Sache – dies vor allem wegen der hohen Bodenpreise.

In den Sagen, die sich um die Entdeckung heilender Wasser ranken, spielen Tiere eine wichtige Rolle. Meist finden sie noch vor dem Menschen die versteckten Quellen – ein verletzter Hirsch, ein verwundeter Adler...

Lostorf-Bad

Der «Gesundbrunnen von Lostorf» war schon früh Pilgerort kinderloser Frauen. Die erste zuverlässige Erwähnung der Heilquelle stammt von 1412. «Von alters her», wie der Oltner Pfarrer Ulrich Muelich (unter dem Pseudonym «Epipon») 1608 schrieb, gehörte das Bad der Stadt Solothurn.
Als erste Badewirte erscheint von 1469 bis 1506 eine Familie Weber in erster und zweiter Generation. In ihre fast 40jährige Amtszeit fiel die Neufassung der Quelle: 1484 durch Meister Lorenz.
Mit Wernli Guldimann hub 1534 eine Familientradition an, welche bis 1912, also 378 Jahre, andauern sollte – weit und breit ein einmaliger Fall. 1542 übernahm Lorenz Guldimann die Hausschlüssel und richtete 1553 an Solothurn ein Gesuch für Umbauhilfe. Die Gipsquelle trat hinter dem grossen Badhaus aus. Um 1830 wurde eine zweite, nämlich die Schwefelquelle, entdeckt, die unterhalb des Bades, an der tiefsten Stelle der Talmulde, aufsteigt. Aeschbach nahm 1831 die erste Analyse vor: eine radioaktive Subtherme von 14,6°C.
Nach der Ära Guldimann lösten sich verschiedene Besitzer ab. Das im Jahre 1955 restaurierte Hotel und das Badhaus fielen 1966 einem Grossbrand zum Opfer. Im Herbst 1973 wurde nicht nur ein neues Thermalbad eröffnet: Bohrungen bis in eine Tiefe von 580 Metern haben zwei neue Quellen erschlossen. Das schwefel- und gipshaltige Wasser ist 28°C warm und eignet sich vor allem auch zur Heilung von Hautkrankheiten.

An zauberhafter Lage, beschützt von Schloß Wartenfels und in gleicher Entfernung von Olten wie von Aarau, schaut man von Bad Lostorf über das geschäftige Aaretal mit seinen vielbefahrenen Durchgangsrouten.

Die Lostorfer Gipsquellen, bereits im Jahre 1412 entdeckt, wurden nach einem Brand in den 1960er Jahren neu gefasst. Gleichzeitig entstand ein grosszügiger Neubau, der die Erwartungen an ein modernes Thermalbad erfüllt.

Laut Paracelsus treibt der Frühling nicht nur «die Gewächse der Erde neu hervor». Er verstärkt und verjüngt auch die Kraft der heilenden Wasser und «zwingt sie aus der Erden». Die Juratäler zwischen Basel- und Zürichbiet verlocken mit ihren einsamen, sanft geschwungenen Wegen zum Wandern.

Ramsach

Um die Mitte des 16. Jahrhunderts haben die Brüder Hans und Michael Nebiker das «Badhuss zu Ramsen erbuwen». Christian Wurtisen (1544 bis 1588) berichtet über ein «Badhuss der Umsässen, doch ohne ein natürlich warm Wasser, muss bey dem Feuer gewärmt werden».

Für die Bäder von zwei bis drei Kurgästen musste jeweils ein ganzes Klafter Holz verbrannt werden, «das man andernorts mangle», vermerkte der Obervogt Oswald Wachter. Als der Badewirt beteuerte, er wolle die alten Stöcke im Wald zusammenlesen, parierte Wachter das Ansinnen mit der lockeren Moral und dem unordentlichen Leben im Bad.

Immer neue Besitzer glaubten, mit dem Bad das Geschäft ihres Lebens zu machen. Allzu rosig dürfte es nie gewesen sein, denn 1725 wurden Gut, Alp und Bad Ramsach öffentlich versteigert.

Ein sonderbarer Streit entbrannte 1741: Der Läufelfinger Pfarrherr Jakob Christoph Ramspeck weigerte sich, genauso wie sein Amtskollege von Rümlingen, die auf Ramsach geborenen Kinder zu taufen. Die damaligen christlichen Grundsätze vertrugen sich schlecht mit den Sitten im Bade!

Auch in den folgenden Jahrzehnten wechselte das Bad häufig die Hand, bis 1863 Rudolf Jenny-Schmuck aus Langenbruck das 65 Jucharten umfassende Landgut erwarb. Die Familie Jenny richtete Gasthaus und Bad neu ein und verwaltete während mehrerer Generationen, fast hundert Jahre lang, die Hausschlüssel.

Die salzhaltigen Gipsquellen von Bad Ramsach werden heutzutage mit Sonnenenergie aufgewärmt und empfehlen sich auch bei Stoffwechselkrankheiten wie Fettsucht, Diabetes mellitus und Gicht.

Ein Fest für Auge und Nase: Leuchtender Löwenzahn und würziger Bärlauch prägen im Frühjahr die Atmosphäre.

Bad Ramsach im Basler Jura, einst als «Bad Ramsen» bekannt, schmiegt sich zwischen Wälder und Wiesen.

Der Wegweiser deutet die vielfältigen Wandermöglichkeiten an, die sich rund um das moderne Kurhotel anbieten.

Ein lockendes Ziel: der 1007 Meter hohe Wisenberg, der als einer der schönsten Jura-Aussichtspunkte gilt.

85

Rheinfelden

Prickelndes Meerwasser in der eigenen Badewanne: Schon vor über hundert Jahren war dies die Spezialität des «Grand Hôtel des Salines im Park» zu Rheinfelden. Josef Viktor Dietschy, einer der grossen Hotelpioniere der Schweiz, hatte die im Jahre 1862 erstellte, stark vernachlässigte Badeanlage erworben.

Er liess an die Zimmer angrenzende Baderäume bauen, für 1882 eine revolutionäre Errungenschaft! So konnten die Kurgäste, darunter viele kränkliche Kinder, ungestört ihre Badekur geniessen.

Dietschy liess sich durch die ersten beiden mageren Jahre nicht entmutigen. Sein Freund, der Arzt Hermann Keller, hatte internationale Beziehungen. So war es an der Gare de l'Est in Paris möglich, direkte Billette nach Rheinfelden zu lösen. Am Bahnhof abgeholt wurden die Gäste mit einem elektrischen Omnibus.

Beflügelt vom Erfolg, erweiterte Dietschy Hotel und Parkareal. Im Jahre 1912 entstanden eine «hygienische Dampfwäscherei» sowie feuersichere Boxen für zwölf Autos.

Nach dem Tode Dietschys 1922 florierte die beliebte Kuranlage noch einige Jahrzehnte, bis das Etablissement 1963 seine Tore schloss. Zu seinem 100. Geburtstag ist das altehrwürdige Hotel zum grossen Teil renoviert und 1982 als «Park-Hotel» auferstanden.

Die Rheinfelder Natursole – der Name ist gesetzlich geschützt – hilft auch bei Kinderlosigkeit. Deshalb heissen die Solebäder im Volksmund «Storchenbäder». Seit April 1983 besitzt Rheinfelden zudem eine stark mineral- und kohlensäurehaltige, 28°C warme Quelle, die «Cristalintherme».

Malerische Gassen, die zum Bummeln einladen, prächtige Giebel und Gasthausschilder: das ist Rheinfelden. Das Städtchen, dessen Name verknüpft ist mit einer grossen Schweizer Brauerei, liegt unweit von Basel.

Die reichlich fliessende Natursole und zwei Kristallinthermen machen aus Rheinfelden einen reizenden Kurort. Anders als viele Schweizer Gemeinden am Rhein hat Rheinfelden ein deutsches Pendant. Von den verschachtelten Häusern der Flussfront oder der ausgedehnten Uferpromenade blickt man auf die Parks am Gegenufer.

Rheinfelden

Solbad im Hotel Eden, öffentliches Bad im Kurzentrum: beide werden gespeist mit heilkräftiger Sole. Sie wird aus einer Tiefe von 200 Metern gefördert und gilt als eine der wirksamsten Europas.

Die geschützte Lage in einem Becken zwischen Jura und Schwarzwald, dazu die Nähe des Rheins, verleihen Rheinfelden ein ausgeglichenes, angenehmes Klima. Bis weit in den Herbst wird draussen im Freien aufgetischt.

Rheinfelden

Das Schild des China-Restaurants bezeugt es: Der Rhein schliesst Rheinfelden an die grosse weite Welt an.

Täglich verkehren Ausflugsdampfer zum Basler Rheinhafen, dem grössten Binnenhafen des Landes.

Mumpf

Vor 200 Millionen Jahren war die Gegend von Rheinfelden, Augst und Schweizerhalle von Meerwasser überspült. Saurier tummelten sich am Strande, was Skelettfunde bestätigen. Das Wasser verdunstete, Salzlager entstanden. Geröll, Erde und Gestein deckten das kostbare Gut zu, bis es im Jahre 1844 in rund 200 Metern Tiefe erbohrt wurde. Bereits zwei Jahre später erhielt Josef Frommherz, Wirt zum «Schützen» in Rheinfelden, vom Staate Aargau eine Konzession für Solebezug zu Heilzwecken.

Die vielgepriesene Heilkraft und Wirkung von Solebädern und Solewickeln faszinierten auch Johann Bretscher-Dettwiler. 1893 erwarb er den «Rötihof» in Mumpf, gab ihm den Namen «Schönegg» und begann zu wirten. 1895 liess er zwei Holzbottiche bauen und holte die Sole mit dem Pferdefuhrwerk aus Möhlin-Ryburg.

Angezogen von dieser Attraktion auf dem Bauernhof, badeten die Gäste in den mit Sole und Wasser gefüllten Holzbottichen. Hie und da sah sich sogar ein Arzt um. Es störte ihn keineswegs, dass die Solbadanlage nur durch den Viehstall zu erreichen war.

1926 zerstörte ein verheerender Brand den gesamten Hof Schönegg. Zwei Jahre später wurde er in der heutigen Form aufgebaut und von den zwei Söhnen Bretschers ab 1932 weitergeführt. 1971 entschloss sich die dritte Generation, technisch und balneologisch fortschrittliche Einrichtungen, verbunden mit einem 34°C warmen Soleschwimmbad, zu erstellen. Zur Anwendung kommen auch Solewannenbäder mit variablem Salzgehalt, Moor-, Kohlensäure- und Schwefelbadkuren.

Mit einem 34 Grad warmen Soleschwimmbad kann das Kurhotel «Schönegg» oberhalb von Mumpf aufwarten. An schönen Tagen bringt eine altväterische Fähre die Kurgäste ans deutsche Rheinufer.

Vom Schwimmbad schaut man direkt auf den Rhein und den nachbarlichen Schwarzwald. Der zur «Schönegg» gehörende Gutsbetrieb und ausgedehnte Wanderwege in der Umgebung sorgen für zusätzliche Abwechslung.

Yverdon-les-Bains

Bereits den Römern war die schwefelhaltige Quelle am Ausgang des Neuenburgersees bekannt. Die Bewohner von Yverdon misstrauten jedoch dem Segen. Als die Quelle Ende des 17. Jahrhunderts gefasst wurde, wollte man in erster Linie die Vermengung mit dem Trinkwasser verhindern.

Der Bau des ersten Badehotels 1730 lockte wohlhabende Franzosen zur Kur. Doch die Französische Revolution bereitete dieser ersten Blütezeit ein jähes Ende.

Eine Erfindung von Salles-Giron um 1860 ermöglichte die Zerstäubung des Mineralwassers für Inhalationen und die Behandlung von Erkrankungen der Atmungsorgane. Gustav Emery, Besitzer des Bades von 1878 bis 1904, führte neue Therapien und einen feudalen Hotelbetrieb ein. 1895 war das Grandhotel mit Telefon und Telegraf ausgerüstet, elektrisches Licht erhellte die Baderäume. Yverdon-les-Bains war unter der reichen Oberschicht der Nachbarländer Geheimtip, bis der Erste Weltkrieg die Herrlichkeit der «belle époque» beendete.

Überzeugt von der Heilwirkung der Quelle, die seine Frau von ihren Leiden kuriert hatte, erwarb Puzant Masraff 1920 das Bad. Der aus Ägypten stammende Armenier liess das Mineralwasser in Flaschen abfüllen und taufte es «Arkina» nach einer armenischen Stadt. Bis zu seinem Tode im Jahre 1927 erlebte Yverdon-les-Bains seine letzte Glanzzeit.

1961 kaufte Yverdon das fast in Vergessenheit geratene Bad. Nach der Entdeckung einer neuen, ausgiebigeren Thermalquelle wurden die altehrwürdigen Hotels renoviert, vergrössert und durch den Bau eines Freiluftbeckens ergänzt.

Nahe bei der Einmündung der Orbe in den Neuenburgersee liegt Yverdon-les-Bains, in einer von vielen Kanälen durchzogenen Ebene. Schon die Römer nutzten die hiesigen Thermen, die in einer Tiefe von 500 Metern entspringen.

1804 gründete der Pädagoge und Philosoph Johann Heinrich Pestalozzi im einstigen Schloss Yverdon eine seit langem geplante Erziehungsanstalt. Sie machte den Namen der Stadt in ganz Europa bekannt. Aus dem 19. Jahrhundert stammt auch das malerische Kasino; um einiges älter sind die Mauern der Innenstadt.

Yverdon-les-Bains

Im einstigen Castrum Ebrodunense der Römer prallen die Jahrhunderte aufeinander. Hier moderne Vorortbauten, dort Baureste aus der Zeit des Kaisers Septimius Severus.

Heute dominiert aber eine moderne
«Thermenarchitektur».

Yverdon-les-Bains

Nicht nur für Balneologen und Pädagogen, sondern auch für Humanisten hat der Name Yverdon guten Klang. Im 17. Jahrhundert veröffentlichte die hiesige Druckerei gesuchte Ausgaben von griechischen und lateinischen Klassikern mit gelehrtem Kommentar, dann sogar eine Zweitauflage der berühmten Encyclopédie Française.

Schwefelberg-Bad

Der einzige Naturfango der Schweiz wird in Schwefelberg-Bad gewonnen: das unterirdisch gefasste Wasser fliesst trübe aus der Quelle. Wenn es sich klärt, setzt sich der grauschwarze Heilschlamm ab.

Urkundlich verbrieft ist die kräftige Schwefelquelle bereits seit 1561. Gebadet wurde im Freien, übernachtet in einer einfachen Alphütte. Später entstand ein Badehaus mit Wannen aus ausgehöhlten Baumstämmen.

Erst 1834 erhält das abgelegene Bad eine Sommerkonzession. Um die Jahrhundertwende weist es 140 Betten und 15 Badezimmer auf. Dennoch stand Schwefelberg völlig im Schatten des damals weltberühmten Gurnigelbades, das 1946 abgebrochen wurde. Dass dieses Schicksal Schwefelberg-Bad erspart blieb, verdankt es den heutigen Besitzern Heribert und Anni Meier. Das Ehepaar schaffte innerhalb von 15 Jahren aus dem verlotterten Kurhaus ein Hotel mit vier Sternen.

Wer das schmucke Gebäude mit dem gepflegten Garten und den 50 renovierten Zimmern heute sieht, kann sich den schweren und steinigen Weg der ersten Jahre nicht mehr vorstellen. Etwa den harten Winter mit einer Handvoll Gäste und Kindern aus dem Skilager, die sich frierend um die Petrolöfen scharten.

Die Bankkredite tröpfelten denn auch nur bedächtig – Schwefelberg-Bad galt als «Investitionsruine». Jeder Franken, den das Besitzerpaar erwirtschaftete, wurde investiert. Zur Tatkraft und dem eisernen Willen gesellte sich schliesslich auch etwas Glück und eine Kapazität als Kurarzt.

Noch in den 1860er Jahren erreichte man Schwefelberg-Bad nur auf einem dreistündigen Fussmarsch von Schwarzenburg aus. Auch heute noch gehört das idyllisch gelegene Bad mit seinem Hauptgebäude im «klassischen» Kurhausstil zu den abgeschiedensten und ruhigsten im reichhaltigen Kurbad-Angebot der Schweiz.

Die Landschaft rund um den Gantrisch verlockt zu reizvollen Wanderungen, so zum nahegelegenen Schwarzsee. Wer noch nie ein ländliches Schwingerfest mit Musik erlebt hat, der kommt hier auf seine Rechnung.

Schwefelberg-Bad

Blick auf die Stierenhütte. Im Gantrischgebiet stossen Berner und Freiburger Alpen aufeinander. Am rechten Bildrand das idyllisch eingebettete, 1400 m ü. M. gelegene Schwefelberg-Bad.

Lenk i. S.

Die Schwefel- und Eisenwasserquellen von Lenk im Simmental müssen schon lange bekannt gewesen sein. In alter Zeit rasteten hier die Säumer, die alljährlich den Wein in Fässern aus dem Rhonetal brachten. Lenk, als letztes Dorf vor dem Anstieg zum Rawilpass beim Wildstrubelmassiv gelegen, war wichtiger Durchgangsort ins Wallis und nach Italien.

Die erste Bade-Konzession stammt aus dem Jahre 1689. Sie gewährte das Recht zum Baden und zur Führung einer Sommerwirtschaft mit Übernachtungsmöglichkeit. Vermutlich kam in Lenk kein eigentlicher Fremdenverkehr auf – dafür war es zu abgelegen. Um die Bäder attraktiver zu gestalten, wurde das kalte Heilwasser mit Teucheln (Holzröhren) ins Gasthaus geleitet, über einem Badeofen erwärmt und anschliessend in Holzzuber geschöpft. Darin badeten vorerst nur die feinen Damen – der abgehärtete Bauer tauchte noch immer ins kalte Nass bei der Quelle.

Um 1860 entstand ein prächtiges Kurhaus mit 80 Fremdenzimmern; auf der Nordseite ein Gebäude mit 24 Badezimmern. Eine zweite, ergiebigere Quelle wurde dazugekauft – für ganze zwölf Franken wechselte die Balmquelle die Hand. Heute zählt sie zu den stärksten alpinen Schwefelquellen Europas und begründete damit den Ruf von Lenk als Badekurort.

Das schwefelhaltige Kalzium-Sulfat-Wasser steht heute, 34 °C warm, in einem Mineralhallenbad zur Verfügung. Im 1977 eröffneten Kurzentrum werden auch Hautkrankheiten und Erkrankungen der Atemorgane erfolgreich behandelt.

Mit einem imposanten Gebirgs-Amphitheater schliesst das Simmental in Richtung Wallis ab. Im obersten Talkessel, auf 1070 Metern Meereshöhe, liegt Lenk, bekannt für seine heilkräftigen Schwefelquellen.

Lenks Quellen, die Balm- und die Badequelle, werden seit Jahrhunderten genutzt. Wie bei vielen Schweizer Kurorten entstand auch hier um 1860 eine erste grössere Anlage. Heute bieten Lenk und Umgebung mit Skilanglauf, Wanderwegen und Bergbahnen eine reiche Palette von Bewegungs- und Zerstreuungsmöglichkeiten.

Lenk i. S.

Bergwiese bei Lenk. Die Vielfalt an Blumen und Kräutern würzt nicht nur Futtergras und Heu und damit die heimischen Milchprodukte. Sie verleiht auch der Bergluft ihr unvergleichlich sattes, volles Aroma.

Leukerbad

Zuhinterst im Walliser Dalatal, auf 1411 Metern – eingebettet in gewaltige Dreitausender –, ist Leukerbad von Natur aus als Höhenkurort prädestiniert. Bereits die Römer passierten den 2350 Meter hohen Gemmi-Pass – und badeten in den heissen Thermen von Leuk.

Immerhin entspringen hier gegen 20 Quellen. Doch nur die fünf wichtigsten sind heute gefasst, die übrigen fliessen ungenutzt in die Dala.

Die St.-Lorenz-Quelle tritt am Rande des Dorfplatzes zutage, speist die umliegenden Bäder und versorgt das Lähmungsinstitut und das Spital- oder Volksheilbad, eines von sieben schweizerischen Heilbädern mit gemeinnützigem Charakter.

Mit Temperaturen um 50 °C zählt sie zu den wärmsten Quellen der Schweiz. Die überschüssige Wärme dient denn auch der Kirche, den Hotels und Bädern als umweltfreundliche Heizung: Ein Kubikmeter Thermalwasser ersetzt ein Kilo Heizöl!

Die Rossquelle, die die Einheimischen «Rossgillu» nennen, speist das Burgerbad, die grösste alpine Thermalanlage Europas. Rechnet man Heilbad- und Armenbadquelle dazu, sprudeln täglich drei Millionen Liter Heilwasser in die verschiedenen Hallen- und Freiluft-Thermalbäder.

Die fluoridhaltigen Kalzium-Sulfat-Wässer helfen bei verschiedenen rheumatischen Erkrankungen, Lähmungen, Unfallfolgen, hormonellen Störungen und Stoffwechselkrankheiten wie Gicht. Patienten mit Zirkulationsproblemen, Hautkrankheiten und Magen-Darm-Störungen sowie Frauenleiden haben gute Heilungschancen in Leukerbad.

Das bescheidene Badehäuschen mit dem geschnitzten Fries erinnert an die Anfänge von Leukerbad. Seit dem Zweiten Weltkrieg ist die Gemeinde zu einem der grössten Kurzentren der Schweiz herangewachsen.

Spannender als die Schlagzeilen der Boulevardpresse ist der Ausblick auf das sich öffnende Tal der Dala und auf die fröhlichen Kurgäste, für die eine ganze Anzahl von Freiluft- und Hallenbädern bereitsteht.

Leukerbad

Bis zu 50 Grad heiss wird das Quellwasser von Leukerbad. Es muss erst auf Körpertemperatur gebracht werden. Erst dann kann man es dem Kurgast zumuten – viel Spass im Rondell mit dem Sprudelbad!

An alten Darstellungen mit prassenden Badegästen hat sich offenbar die Direktion des «Maison Blanche» inspiriert.

Wöchentlich einmal können Kurgäste ihr Frühstück vom schwimmenden Tablett geniessen.

Leukerbad

Wanderer erholen sich vom Aufstieg, während eine Bergdohle zum Steilflug ansetzt. Der Gemmipass bei Leukerbad verbindet Wallis und Berner Oberland. Die Passhöhe diente früher als «Sust» oder Warenlager für die Säumer beider Seiten. Hier deponierten sie Waren, die ins Nachbartal gelangen sollten.

Breiten

Breiten liegt auf einer Sonnenterrasse, 250 Meter über der Rhone im Oberwallis, und ist seit 1975 anerkannter Badekurort. Die Natursole stammt allerdings aus den Salinen von Schweizerhalle.

Breiten war bis 1966 ein Flecken Weideland, eine verträumte Voralp – 150 Meter über Mörel gelegen. Es gab weder Wasser, Elektrizität noch fahrbare Wege, dafür drei Kuhställe und einige immer seltener benutzte Kornstadel.

Breiten war der Geheimtip einiger Eingeweihten. Und sie wussten, dass man der drohenden Entvölkerung Einhalt gebieten und neue Arbeitsplätze schaffen musste.

So entstand ein einzigartiger, zentral geführter Fremdenort, mit Mass und Vernunft gebaut. Im Badehotel «Salina» kann man in 33 °C warmem Solewasser baden. Die drei Prozent Mineralien- und Salzgehalt entsprechen der Konzentration des Mittelmeeres; der Rest ist mineralisiertes Quellwasser aus Breiten.

Das Heilwasser von Breiten hilft bei Rheumatismus, Frauenkrankheiten sowie Herz- und Kreislauferkrankungen. Die einmalig schöne Landschaft mit Fauna, Flora und dem Aletschgletscher, dem längsten Eisstrom Europas, tut ein übriges für gesunde, erholsame Ferien. Seit 1978, nach dem Bau des Hotels «Garni im Grünen», ist Breiten auch anerkannter Klimakurort.

Heute bietet Breiten etwa tausend Ferienbetten in Chalets, Appartementhäusern und zwei Hotels an. Der Gutsbetrieb mit einer Käserei aus dem Jahre 1713 liefert schmackhafte, unverfälschte Milch, Käse, Butter und Molke. Letztere unterstützt Entschlakkungs- und Schlankheitskuren.

Auf einer sonnigen Talschulter über dem Rhonetal, nur wenige Kilometer von Brig entfernt, liegt Breiten. Der Kurgast kann zwischen einem Sportbad und dem Heilbad mit Natursole aus Schweizerhalle wählen.

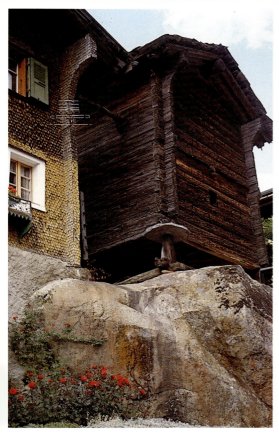  

Gleich neben dem modernen Kurzentrum trifft man auf alte Walliser Tradition: auf urtümliche Schnitzereien, auf Holzspeicher mit ihren charakteristischen Pfettwänden und den in die Säulen eingelassenen Mäuseplatten.

Oberhalb von Breiten erstreckt sich der Aletschgletscher – hier vom Eggishorn aus gesehen. Mit 28 Kilometern Länge ist dies der längste und mächtigste Alpengletscher. Nicht mehr im Bild: der zauberhafte Märjelensee mit seinen Eisbergen, der im obersten Gletscherteil vom Firneis gestaut wird.

Saillon

Wie vergnüglich Heilbäder heutzutage sein können, beweist unter vielen anderen auch Saillon: Wahrzeichen dieses Walliser Bades zwischen Sion und Martigny ist eine 71 Meter lange Rutschbahn.

Saillon ist ein gut erhaltener, mittelalterlicher Marktflecken – erbaut von den Grafen von Savoyen – mit 900 Einwohnern. Sie bearbeiten 190 Hektar Weinberge und 220 Hektar Frucht- und Gemüsekulturen. Die Industrie fehlt – neue Arbeitsplätze sind rar.

So entwickelte sich zu Füssen der Festungswälle in der Rhoneebene – dort, wo bereits Römer die Quellen nutzten – eines der grössten Thermalbäder der Schweiz. Saillon ist seit November 1984 Mitglied des Verbandes Schweizer Badekurorte.

Für das Badevergnügen im herzschonenden Heilwasser stehen zwei Thermalschwimmbäder, ein Sportbad, ein Kinderbassin sowie ein Planschbecken zur Verfügung. «Les Bains de Saillon» sind als Ferienort für gross und klein konzipiert.

Die 25 °C warme Therme entspringt in der Schlucht der Salentze. Dort verunglückte am 17. April 1880 der berühmte Falschmünzer Joseph-Samuel Farinet, dem C. F. Ramuz einen Roman widmete. Farinet hatte Zwanzigrappen-Stücke geprägt, damals der Preis für einen Liter Fendant, und sie grosszügig verteilt. Während Jahren war Farinet von der Polizei gehetzt und verfolgt worden. Die Umstände, die zum Tod des 35jährigen führten, sind bis heute nicht restlos geklärt.

Im Jahre 1867 rühmte der Badehistoriker Meyer-Ahrens die Quelle von Saillon im Rhonetal und ebenso die «blühende Gesichtsfarbe und Munterkeit der Einwohner»: Hier sei ein günstiger Platz für einen Kurort.

120 Jahre später ist sein Vorschlag Wirklichkeit geworden. Bei Saillon, zwischen Sitten und Martigny, liegt ein hochmoderner Bäderkomplex, eingerahmt von den Rebbergen und Obstgärten des Rhonetales.

Saillon

Der Poet Rainer Maria Rilke atmete im Südwind des Walliser Rhonetales immer wieder einen Hauch der Hunderte von Meilen stromabwärts gelegenen Provence. Und tatsächlich bringt die Silhouette des Winzerdörfchens Saillon, auf einem Felssporn über der Talebene gelegen, einen Hauch mediterranen Charmes in die Walliser Berge.

Lavey-les-Bains

Die mit 62 °C heisseste Quelle der Schweiz entspringt in Lavey-les-Bains, zwischen Aigle und Martigny, südlich vom Genfersee gelegen. Unweit der Therme hatten die Römer die Stadt «Epône» gebaut. Nach ihrem Abzug geriet die Quelle in Vergessenheit. Während Jahrhunderten plätscherte das heisse Schwefelwasser ungenutzt in die Rhone.

Bis im Jahre 1831: «Meister, ich verbrenne!» schrie damals ein verzweifelter Fischer, der bis zu den Hüften in der Rhone stand, seinem Chef zu. Dieser Ruf erreichte endlich auch die Waadtländer Behörde, die schon bald Kranke zur Heilung nach Lavey schickte.

Im Walliser Bürgerkrieg von 1844 liess der damalige Kurarzt Dr. Herman Lebert die Verwundeten ins Bäderspital holen. Er war befreundet mit Jean de Charpentier, dazumal Direktor der Salz-Solen von Bex-les-Bains. Lebert und Charpentier erfanden die sogenannten Solewickel, eine noch heute praktizierte Spezialität von Lavey.

Eine andere erfolgreiche Therapie sind Sandbäder, die der Kurarzt Dr. Suchard 1883 einführte. Dazu wird Sand aus der Rhone erhitzt und Patienten als heilende Wärme verschrieben.

Die damalige Quelle lieferte 50 bis 70 Liter 42 Grad warmes Wasser. Sie bot jedoch weder Sicherheit noch genügend Wasserreserven. Prof. Kurt Saurer vom geologischen Institut der Universität Heidelberg gelang 1973 das Meisterstück, die 62 °C heisse Quelle zu finden. Sie sprudelt aus rund 200 Metern Tiefe, und zwar mit einer Schüttung von 500 Litern pro Minute.

Mit ihren 62 Grad darf die Schwefelquelle von Lavey-les-Bains als heissblütigste Therme des Landes gelten. Ganz in der Nähe liegt St-Maurice, die Pforte zum Rhonetal, das sich hier in Richtung Léman erweitert.

Die geruhsamen Bauten der Belle Epoque zeugen davon: Die Lavey-Therme wurde bereits im Laufe des letzten Jahrhunderts entdeckt. Seither ist Lavey mit seinem kieferbestandenen Park zum Kurort von Rang aufgestiegen.

Noch liegt ein Dunstschleier über dem Mendrisiotto: das typische Chiaroscuro der morgendlichen Poebene. In der südlichsten Landschaft der Schweiz treffen Voralpenhügel und lombardische Ebene aufeinander. An dieser Schnittstelle bahnen sich unterirdische Wasser einen Weg ins Freie – den Menschen zum Wohl.

Stabio

Auch im Tessin befindet sich ein anerkanntes Heilbad: Im milden Mendrisiotto, unweit der italienischen Grenze, entspringen in Terme di Stabio vier subthermale, radioaktive Schwefelquellen.

Entdeckt wurde das «acqua marcia» (faule Wasser) 1803. Aber erst als Stefano Franscini 32 Jahre später in seiner Kantonsbeschreibung feststellte, es sei eine Sünde, dass «daselbst noch keine Anstalt» errichtet worden sei, begann man, das Wasser zu nutzen.

Zu Beginn des 20. Jahrhunderts zogen die Heilquellen vornehmlich italienische Gäste an. Mit dem schwindenden Geldwert der Lira nach dem Ersten Weltkrieg blieben die Reisenden aus dem Nachbarland jedoch fern. Anfangs der 30er Jahre mussten die Kuranstalten von Stabio schliessen.

Der Bauunternehmer Francesco Bobbià glaubte fast als einziger an die Zukunft der Thermen und kaufte den Kurbetrieb: ein Haus mit zwölf Betten, sechs Badewannen – und eine Bocciabahn. Vorsichtshalber liess er das Heilwasser nochmals analysieren.

Manche Klippe musste umschifft werden, bis die heutigen «Terme di Stabio», ein gepflegtes Familienunternehmen, geschaffen waren. Die Schwefel-, Jod- und Fluorquellen werden mit modernsten physiotherapeutischen Einrichtungen genutzt.

Viele Gäste verbinden ihren Ferienaufenthalt im Tessin mit einem täglichen Besuch der Terme di Stabio. Und zwar rund ums Jahr, denn dank des milden Klimas wird das Mendrisiotto das «Sizilien der Schweiz» genannt.

Stabio ist nicht nur südlichster Thermalkurort des Landes, sondern auch der einzige des Kantons Tessin.

Seit altersher sind die subthermalen Schwefelquellen von den Bauern der Umgebung genutzt worden.

Die meisten Quellen entspringen direkt im Gebiet der Kuranlagen. Eine von ihnen, vor langer Zeit durch Absicht oder Zufall verschüttet, fand sich unter dem Vorplatz der Dorfkirche wieder – in fünf Metern Tiefe.

Für einmal scheinen sich die weitgeschwungenen Bögen der Nationalstrasse der Landschaft einzugliedern. Die Betonbrücken unterstreichen noch den kargen Charme des Misox: Blick von San Giacomo auf die junge Moesa.

Andeer

Der 5. Juli 1982 wird in die Geschichte von Andeer eingehen: An diesem Tag fand nach langem Ringen um finanzielle Mittel die Eröffnung des Schamser Heilbades statt, das den knapp 600 Einwohnern Arbeitsplätze und Verdienst bringen soll.

Die 18 °C warme Thermalquelle war bereits im Mittelalter bekannt. Sie entspringt in Pignia-Bad, rund einen Kilometer von Andeer entfernt. Seit 1827 wird das eisenhaltige Kalzium-Sulfat-Wasser nach Andeer geleitet.

Von 1829 bis 1967 – mit Unterbrüchen während der zwei Weltkriege – stand das heilkräftige Wasser für Kurgäste in 12 bis 18 Holzwannen zur Verfügung. Die Sanierung der Bäder war dringend notwendig. Doch wer sollte bezahlen? Mangels Industrie sind Arbeitsplätze rar. Mit dem Bau des Gotthard-Tunnels entfiel auch der Verdienst aus dem Transitverkehr über den Splügen und San Bernardino.

Die Schamser waren seit Generationen gezwungen, ihr Brot im Ausland zu verdienen. Es gibt kaum eine Familie, die nicht Verwandte in Amerika oder Australien hat. Und diese Heimweh-Schamser unterstützten die Finanzierung des neuen Bades, genauso wie 17 Gemeinden der Talschaften Schams, Rheinwald und Avers.

Weitere Spenden und Beiträge von Bund und Kanton ermöglichen schliesslich das 7-Millionen-Projekt, zu dem ein modernes Hallenbad mit 34 °C warmem Mineralwasser gehört. Eingebettet in eine grüne Mulde zwischen der Viamala- und der Rofla-schlucht, ist Andeer heute Badekurort und Ausgangspunkt für Ski- und Wanderferien.

Wer den San Bernardino hinter sich hat, findet sich plötzlich auf einer unerwartet grosszügigen Hochebene. Mehrere Quellen speisen das Heilbad von Andeer, unweit des Zusammenflusses von Averser und Hinterrhein.

Im Mineral-Hallenbad steht das Wasser, auf 34 Grad erhitzt, Kurgästen und Passanten offen.

Berühmtestes Ausflugsziel, anderthalb Wanderstunden entfernt, ist die Schluchtenwelt der Via Mala.

Vals

Den Siegeszug des Valserwassers begründete der deutsche Unternehmer Kurt Vorlop: Er suchte in den Büchern der Landesbibliothek nach einer brachliegenden Heilquelle mit hohem Mineralienanteil und ausreichender Schüttung.

Er fand die seit 3000 Jahren bekannte, seit 1956 jedoch nicht mehr genutzte Quelle von Vals, 20 Kilometer südlich von Ilanz gelegen. 1960 verliessen die ersten Flaschen mit Valserwasser den Abfüllbetrieb. Das Absatzproblem des damals unbekannten Wassers löste der Geschäftsleiter Robert Schrauder mit einem Trick: Seine beiden Chauffeure verteilten gratis harassenweise Valserwasser zum Ausprobieren.

Gute Ideen waren auch für das abgelegene Vals als Badekurort gefragt – und wurden gefunden. Nach der Skiabfahrt kann man sogar bei sibirischer Kälte im Freien baden, bei 80 Zentimeter hohen Wellen: Das bei einer Neubohrung im Jahre 1982 gefundene, 30 °C warme Thermalwasser und ein künstlich erzeugter Wellengang machen's möglich.

Das erste Kur- und Badehotel «Therme» entstand im Jahre 1892, die Gäste wurden in Ilanz abgeholt. Heutzutage kommen sie zum Kneippen und Abnehmen. Unterstützt wird die Schlankheitskur mit Valserwasser. Es aktiviert den Stoffwechsel, regt die Verdauung sowie die Nierentätigkeit an.

Warum wird eigentlich in Vals, inmitten eines romanischen Sprachgebietes, deutsch gesprochen? Im 14. Jahrhundert wanderten die aus dem Wallis stammenden Walser vom Rheinwald her ein.

Ein wahrer Siegeszug hat das auf Flaschen gezogene Mineralwasser von Vals auf helvetische Tische gebracht. Die oberste Gemeinde im Valsertal weist aber auch ein seit Jahrhunderten genutztes Heilbad auf.

Neben einer Therme – der einzigen heissen Quelle des Kantons Graubünden – kann sich Vals einer ganzen Zahl weiterer Mineralquellen rühmen. In der hochmodernen Anlage macht der stündliche Wellengang die Kur zum Plausch.

Vals

Vals mit der Barockkirche St. Peter und Paul. Schindelgeschützte Hauswände, robust gemauertes Kamin und Scheiterbeige, die gleichzeitig isolieren hilft: Dies alles beweist, dass sich Vals bäuerliche Eigenart bewahrt.

St. Moritz-Bad

Die Mauritiusquelle in St. Moritz, das höchstgelegene Heilwasser der Schweiz, war schon in der Bronzezeit bekannt. Sie ist vor rund 3000 Jahren erstmals gefasst worden.

Diese Quellfassung ist ein Unikum. Sie besteht aus zwei grossen, ausgehöhlten Lärchenstämmen, ist von einem Balkenfachwerk zusammengehalten und mit Lehm und Rundsteinen abgedichtet. Bis 1907 versah sie ihren Dienst und ist heute im Engadiner Museum zu besichtigen.

Beschwerlich war der Zugang zur Quelle, da der ganze Talboden versumpft und nur mit Pferden passierbar war. Aus Furcht, die Gäste würden nicht mehr ins Dorf kommen, hielt man an diesem unzumutbaren Umstand fest.

Erst eine List brachte die Wende: Als die älteren, konservativen Bürger 1815 am Viehmarkt von Tirano weilten, beschloss die Gemeinde, das Inn-Ufer zu sanieren und eine Strasse zu erstellen. Auch ein erstes, zweistöckiges Badehaus mit Trink- und Aufenthaltsraum sowie zwei Zubern wurde gebaut.

1831 nahm eine Aktiengesellschaft die Quelle in Pacht, baute ein Kurhaus mit Trinksaal und Badekabinen. Die Gäste pilgerten zahlreich zur Kur nach St. Moritz. Bereits 1858 sah die Engadiner Bevölkerung die ersten Skifahrer.

1976 öffnete das neue Heilbad-Zentrum seine Tore. Der mit natürlicher Kohlensäure gesättigte Eisensäuerling wird für Bade- und Trinkkuren genutzt. Spezialität sind Alpenmoorpackungen und -bäder.

Unter tiefblauem Himmel der schiefe Kirchturm von St. Moritz – eines von vielen Wahrzeichen des Engadins.

Die kristallklare Luft des Hochtals zieht seit jeher Erholungsuchende von nah und fern an.

Die Mineralquellen des Engadins haben aus einer ganzen Reihe von Heilbädern moderne Kurzentren wachsen lassen.

Der Blick von Muottas Muragl auf die Seen des Oberengadins zeigt die grossartige Weite des Hochtales.

Von St. Moritz aus führt das Trassee der Berninabahn ins Puschlav und weiter ins Veltlin.

St. Moritz-Bad

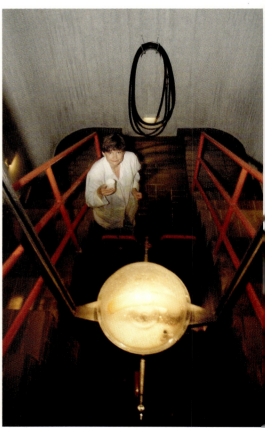

Surfer nutzen eine Brise über dem Silvaplanersee. Ungleich längere Tradition hat die St. Moritzer Heilquelle. Bereits vor 3000 Jahren wurde der eisenhaltige Brunnen genutzt; Paracelsus und Gesner priesen ihn. Heute kann man die Badekur mit Kneippkuren oder Packungen und Bädern aus Alpenmoor ergänzen.

Sils, jahrelange Zuflucht von Nietzsche; Celerina, dessen Golfplatz offenbar Temporeduktionen erheischt:

In der Umgebung des 1976 eröffneten Kurzentrums von St. Moritz häufen sich die grossen Namen.

Langläufer auf der Eis- und Schneedecke des Silvaplanersees. Die Sonne steht hoch über dem Maloja – auch dies ein Durchlass zum Süden, der durch das Bergell zum Comersee und damit in die norditalienische Tiefebene führt.

Bad Tarasp-Vulpera

In der zweiten Hälfte des 19. Jahrhunderts entwickelte sich Bad Tarasp-Vulpera zusammen mit den Quellen von Bad Scuol zum Weltbadekurort. Mit der Gründung eines Vereins zur Hebung des Fremdenverkehrs von 1872 stellte sich bald auch internationale Prominenz ein.

Die reiche Oberschicht entdeckte die Heilkraft des Mineralwassers in Verbindung mit dem Klima des sonnigen Unterengadins. Zum Wohl der Nieren trank man vom Eisensäuerling Bonifazius. Der Leber und Galle zuliebe labte man sich an den Glaubersalzquellen und genoss das prickelnde Badevergnügen im Kohlensäurewasser der Carola-Quelle für Herz und Kreislauf.

Weltkrieg und Wirtschaftskrise dämpften den Aufschwung, neue Ideen für Arbeitsplätze und Verdienst taten dringend not. So ergänzt Bad Scuol die Badekuren seit den 50er Jahren mit dem Skitourismus und baut nun ein neues Bade- und Kurzentrum, das Ende 1992 eröffnet werden soll.

Bad Tarasp-Vulpera führt seit 1985 ein Vita-Sana-Kurzentrum für ganzheitliche Medizin. Ergänzend zur Schulmedizin kommen alte Heilmethoden unter Berücksichtigung neuester Erkenntnisse zur Anwendung.

So die traditionellen Trink- und Badekuren mit den heilkräftigen Mineralquellen, die drei verschiedenen Gruppen angehören, kombiniert mit dem sonnigen Höhenklima und Wanderungen im nahen Nationalpark. Oder die bewährten Methoden der westlichen Naturheilkunde wie auch der chinesischen Medizin. Nicht zu vergessen die klassische Homöopathie nach Hahnemann sowie Vollwertnahrung.

Vom Schloss Tarasp aus geboten einst die Ritter von Tarasp über diesen lieblichen Teil des Unterengadins. Hier entspringt eine ganze Anzahl mineralischer Quellen, die meisten davon alkalische Natronquellen.

Scuol-Tarasp, links und rechts des Inns gelegen, wurde in den 1860er Jahren bekannt durch ein riesiges Kurhaus mit grosszügigem Speisesaal unter prächtiger Holzdecke (leider vor kurzem abgebrannt). In Vulpera ergänzt das moderne Kurzentrum «Vita Sana» das balneologische Angebot mit einer Vielfalt von Kuren.

In den herbstlichen Wäldern des Inntales setzen die Lärchen golden leuchtende Akzente ins Dunkelgrün der Fichten. Zwischen den Bäumen auf dem rechten Innufer: die Kuppeln und Türme prächtiger Bauten aus der Belle Epoque.

Bad Scuol

In der Gegend von Scuol im Unterengadin entspringen im Umkreis von sechs Kilometern auf beiden Seiten des Inns etwa zwei Dutzend Mineralquellen. Neun sind gefasst, analysiert und für Trink- und Badekuren in Gebrauch.

Eigenartig ist nicht nur die grosse Anzahl Quellen, sondern auch, dass sie drei ganz verschiedenen Gruppen angehören. Geologen erklären dieses Naturwunder mit der Beschaffenheit und dem Verlauf der Gesteinsschichten. Denn von Guarda im Unterengadin bis Prutz im Tirol erstreckt sich im kompakten Gestein der ostalpinen Decke eine Lücke, das sog. «Unterengadiner Fenster».

Durch dieses lockere Gestein sprudeln die Mineralquellen an die Erdoberfläche. Urkundlich erwähnt sind sie bereits im Jahre 1369. Die beiden anerkannten Kurorte Bad Scuol und Bad Tarasp-Vulpera sind durch die Heilwässer miteinander verbunden, auch wenn sie heute getrennte Wege gehen.

Für Trinkkuren werden vor allem die Glaubersalzquellen, auch Sulfatquellen genannt, gebraucht. Am rechten Innufer entspringen die Lucius- und die Emerita-Quelle. Paracelsus und Conrad Gessner priesen die Heilwirkung, und so gelangte bereits 1747 Quellwasser zum Versand.

Mit der Fertigstellung einer Fahrstrasse durchs Engadin im Jahre 1853 kamen die Kurgäste in Scharen. Hotels, Badehäuser und Trinkhallen entstanden um die Wette. In Ermangelung geeigneten Landes wurde das Parkhotel Kurhaus Tarasp auf Gemeindegebiet von Scuol erstellt. Bei der Konstruktion einer Holzbrücke über den Inn anno 1864 entdeckte man die kohlensäurehaltige Carola-Quelle.

Ein überlebender Zeuge aus der Zeit des viktorianischen Stilüberschwangs ist das Parkhotel Kurhaus Tarasp. Die prachtvollen Innenräume machen vor allem bei der Renaissance Anleihen. Diese greift ja ihrerseits antike Formen auf – ein Vorrecht des Historismus, dessen Architekten die ganze Stilskala durchorgelten.

Bad Scuol

Scuol-Tarasp setzt auch den Endpunkt im Schienennetz der Rhätischen Bahnen: weiter innabwärts geht's nicht.

Unterhalb von Ftan nimmt ein Zug der RhB den letzten Viadukt und die letzten Kilometer in Angriff.

Lateinische Devisen, glänzendes Messing, polierter Marmor für Säulen und Portale: die Trinkhalle des Parkhotels Kurhaus Tarasp führt mit ihren Intérieurs, Rundbauten und Kuppeln zurück in eine Zeit ohne stillose Plastiktüten.

Bad Scuol

Die Kriegerstatue Benedikt Fontanas am Dorfbrunnen von Scuol erinnert daran, dass das Inntal im Laufe der Jahre eine vielumkämpfte Region war – dies sowohl im Schwabenkrieg wie im 30jährigen Krieg. Tarasp bildete eine katholische Enklave, die bis zum Wiener Kongress von 1815 österreichischer Besitz war.

Serneus

1853 führte Dr. A. von Planta die erste Wasseranalyse der im 15. Jahrhundert von einer Nonne entdeckten Quelle in Serneus durch. Die Temperatur bezeichnete er mit sieben Grad Réaumur (8,75 °C), die Schüttung mit 45 Litern pro Minute. Zudem bestimmte er die Inhaltsstoffe wie Kohlensäure, Kieselerde, Schwefelwasserstoff, Kalk, Magnesium, Eisen und Chlor.

Weitere Analysen im Verlaufe der Jahrzehnte bestätigten nicht nur von Plantas exakte Arbeit, sondern auch den unveränderten Mineraliengehalt der Serneuser Quelle seit über hundert Jahren.

Der Bau der Prättigauer Strasse von 1843 bis 1861 begünstigte das Badewesen. Zweimal wurde die Kuranlage vergrössert; 400 bis 500 Gäste pro Saison besuchten die Schwefelquelle.

Um die Jahrhundertwende, als Klosters zum Kurort erwuchs und die ersten grossen Hotelbauten entstanden, errichtete der damalige Besitzer, P. Mettier-Tuffli, 1886 einen grossen Neubau und renovierte 1898 das Mittelgebäude.

Am 15. Juni 1910 überflutete Hochwasser das Ausserprättigau und verwüstete das Bad. Bereits zwei Monate später verfügte das kantonale Bau- und Forstdepartement, dass die Landquart oberhalb des Bades bis hinunter zur Brücke nach Serneus zu verbauen sei. Seither ist das Bad vor Hochwasser gesichert.

Die beiden Weltkriege machten auch dem Bad in Serneus zu schaffen: 1943/44 war es sogar Interniertenlager. Heute erstrahlt das alte Kurhaus in neuem Glanz: 1977 wurde es renoviert, erweitert und zusätzlich ein Hallenbad erstellt.

«Zwischen den weitverzweigten Wurzeln einer Buche», dicht neben dem Ufer der Landquart, entspringt die Heilquelle von Serneus – so jedenfalls ein Bäder-Baedeker um 1870. Die Schwefelquelle, etwas ausserhalb des anmutigen Dorfes Serneus bei Klosters gelegen, speist das Bassin des stimmungsvollen Kurhotels und einen Brunnen im Dorf.

Bad Ragaz / Valens

Farbenfrohe Blumenbeete säumen die Wege durch den Kurpark von Bad Ragaz. Das bescheidene Bauerndorf im Sankt Galler Rheintal wurde in wenigen Jahren zum europaweit bekannten Heilbad, nachdem die Pfäferser Therme aus einer unzugänglichen Schlucht ins Nebental geleitet worden war und ein ansehnlicher Kurkomplex gebaut wurde.

Bad Ragaz / Valens

Am Ausgang der gewaltigen Taminaschlucht in Pfäfers steht der einzige barocke Bäderbau der Schweiz, seit 1985 schmuck renoviert. Gebadet wird heute allerdings in Bad Ragaz (SG) oder im Rheuma- und Rehabilitationszentrum Valens. Die Heilkraft der 37°C warmen Akratotherme wird nach neuesten medizinischen Erkenntnissen zur Behandlung von Rheuma, Kreislaufstörungen, Unfallfolgen und Lähmungen angewandt.

Nach der Legende sollen Vogeljäger des Benediktinerklosters Pfäfers die Quelle um 1240 entdeckt haben. Die Kranken liessen sich unter Lebensgefahr über die kirchturmhohen Felswände zur heilenden Quelle abseilen. Es war «bös und gefährlich, über den Steg zu wandeln, dass etliche aus Furcht wiederum ungebadet hinweggefahren sind», schrieb Johann Stumpf in seiner Chronik von 1548. Historisch belegt ist der Bau des ersten Badehauses an diesem «schrecklichen Ort tiefster Verlassenheit» im Jahre 1350. Bis zu 400 Kranke badeten damals über der wilden Tamina. Heute führt ein etwa 300 Meter langer, gut gesicherter Steg durch die 90 Meter tiefe Taminaschlucht zur Geburtsstätte der Thermalquelle. Hinter einer Glasscheibe sieht man das kristallklare Wasser sprudeln, die Therme wird rund 15 Meter tiefer gefasst und heraufgepumpt – ungefähr 7000 Liter pro Minute.

Zwei Drittel des kostbaren Wassers fliessen nach Bad Ragaz. Der Rest wird in isolierten Leitungen über eine Höhendifferenz von 215 Metern auf die Sonnenterrasse von Valens gepumpt.

Rund um Bad Ragaz bieten sich zahlreiche Ausflugsmöglichkeiten an: Wanderungen durch die Weinberge und Wälder der Talhänge, oder dann eine Fahrt mit der Luftseilbahn auf den Pizol, der eine prachtvolle Aussicht gewährt.

Kurortromantik aus vergangenen Zeiten beschwört das Nachmittagsständchen vor dem säulengeschmückten Kursaal herauf. Die Golf- und Tennisplätze von Bad Ragaz dagegen führen wieder ins zwanzigste Jahrhundert zurück.

Bad Ragaz / Valens

Die Erschliessung der Therme durch Simon brachte den Ragazern nicht nur ein Kurzentrum für verwöhnte Gäste, sondern ein stilvolles Kurbad im Dorfzentrum – mit Schwimmhalle, gedeckten Wandelgängen und Trinkbrunnen.

Drei Erschliessungsphasen machte die Pfäferser Therme durch. Bis 1640 badete man in der düster-romantischen Schlucht der Tamina. Darauf leitete man das 37 Grad heisse Wasser in Holzteucheln nach dem Badehaus am Eingang zur Schlucht, das der Fürstabt von Pfäfers hatte bauen lassen. Um 1840 kam dann der «Umzug» ins Rheintal.

Geselligkeit, Lebensfreude und Beschaulichkeit:
seit jeher drei wichtige Konstanten der Badekur.

Die Grundlagen und Wirkungsmechanismen der Balneologie

Otto Knüsel

RÜCKSCHAU

Die Geschichte der Heilquellenverehrung und der Balneologie hat in Westeuropa eine über dreitausendjährige Tradition, indem die Badekurorte des Altertums und vor allem des Mittelalters mit ihren empirisch als heilkräftig erkannten Quellen als die eigentlichen Initiatoren der Rheumabehandlung gelten. Mit Grund sagte daher einer der führenden Rheumatologen und Balneologen der deutschen Sprache, KLAUS LOUIS SCHMIDT (Schmidt 1984), dass die Balneologie in gewissem Sinne die Mutter der Rheumatologie darstelle. Diese Badekurorte haben unter dem Wechsel kultureller, aber auch sozio-ökonomischer Einflüsse ein wechselvolles Schicksal erlebt. «Die Geschichte des Bäderwesens ist zugleich ein Spiegel europäischer Kulturgeschichte», so der Medizinhistoriker GERHARD RUDOLPH (Rudolph 1982).

Durch die Konzentration von Rheumapatienten haben sich auch bald spezialisierte Ärzte und Kliniken an Badekurorten angesiedelt. Viele grosse und bedeutende Rheumakliniken und Rheumazentren in West-, aber auch in Mitteleuropa liegen in bekannten Kurorten. Patienten mit Erkrankungen der oberen Luftwege, des Herz-Kreislaufsystems sowie Hautkranke bilden seit Jahrhunderten weitere wichtige Kontingente von Badegästen. Nicht zu vergessen sind Affektionen des Magen-Darm-Traktes, gynäkologische Leiden und Störungen des Hormonstoffwechsels.

Das Wissen um die Grundlage der Balneologie ist eng verbunden mit der Bedeutung des Bäderwesens der jeweiligen Zeit. Der eigentliche Beginn des Bäderwesens ist älter als das uns erhaltene Schrifttum, welches rund sechstausend Jahre alt ist. Vermutlich sind die Griechen die Initiatoren sowohl des kultischen wie auch des medizinischen Bäderwesens; in Hellas wurde das aus dem Erdreich fliessende Wasser Gegenstand der Verehrung (Rudolph 1982). Das Wasser bringt Fruchtbarkeit und Gedeihen, ja es spendet Leben. Die Griechen stellten die Quellen und ihre unmittelbare landschaftliche Umgebung unter göttlichen Schutz; die heilende Kraft besitzenden Quellnymphen gehörten zu den ältesten Gottheiten und wurden als «Arztkundige» dem Heilgott Asklepios im Kult verbunden. Das Wasser aus der Quelle war nicht nur Lebensspender, sondern es hatte auch die Funktion der körperlichen und moralischen Reinigung: Das Untertauchen in Wasser ist eine Art Wiedergeburt, entsprechend der viel später eingeführten klassischen Taufe des frühen Christentums; die Immersion wird auch in gewissen amerikanischen Sekten wieder angewandt. Von den Griechen wurde, wie GERHARD RUDOLPH nachgewiesen hat, aus diesen frühen, metaphysisch begriffenen Ursprüngen des Badewesens der säkularisierte moderne Gebrauch abgeleitet: die Anwendung des Wassers in der täglichen Hygiene und die Nutzung der Mineral- und Thermalquellen zu Kur- und Heilzwecken. Als Beispiel mag das berühmte Heiligtum des Asklepios in Kos dienen, wo eine überlebensgrosse Statue des Hippokrates, des ersten historisch nachweisbaren Arztes, gefunden wurde. Unter dem «Baum des Hippokrates», einer weit über 1000 Jahre alten Platane, soll der Vater der Medizin seine Schüler unterrichtet haben. Den Ursprung der ärztlichen Wissenschaft leitete jedoch der hippokratische Verfasser der Schrift *Über die alte Heilkunst* aus dem 4. vorchristlichen Jahrhundert aus der sinnvollen Regelung der Lebensweise ab (H. BUESS, zit. nach G. RUDOLPH 1982), der die Griechen den Namen Diaita gegeben haben. Diese sogenannte Diätetik umfasst sechs Prinzipien, die individuell vom Arzt gewichtet oder verordnet wurden, entsprechend dem mittelalterlichen *regimen sanitatis*, der Gesundheitsordnung, die in etwa auch einem sinnvollen heutigen Kurplan entspricht.

1. Umgebung (Wasser, Licht, Luft)
2. Speise und Trank
3. Bewegung und Ruhe
4. Schlafen und Wachen
5. Ausscheidungen und Absonderungen
6. Gemütsbewegungen, entsprechend der heutigen Psychosomatik

Ein solches *regimen* verlangte vom damaligen und verlangt vom heutigen Patienten innerliche Umstellung und aktive Mitarbeit. Die Griechen erhoben das Bäderwesen zu einer planmässigen Behandlungsform, zur Kunst. In den medizinischen Behandlungsstätten wie z. B. dem Asklepieion von Kos wurden Bäder wenn möglich aus Thermalquellen eingerichtet. Trotz dieser hohen balneologischen Kultur sind im Schrifttum jedoch keine Gedanken über die möglichen naturwissenschaftlichen Wirkungsweisen der Heilwässer auf uns gekommen.

Der aus dem kleinasiatischen Thermalbad Prusa (heute Bursa) stammende Badearzt Asklepiades führte in Rom im 1. Jahrhundert

v. Chr. die künstlich erwärmten Hypokaust-Bäder (mit Unterflurbeheizung) in die Balneologie ein, nachdem bereits früher die praktisch veranlagten Römer die Heilquellennutzung und die Bädertechnik zu erstaunlicher Höhe entwickelt hatten. Spuren dieser raffinierten und kostspieligen Technik finden wir noch heute auch in den Ländern nördlich der Alpen, so in der Schweiz; neben den grossen Bäderanlagen in Yverdon-les-Bains und Baden wurden solche Einrichtungen auch in Villen, z. B. Kaiseraugst, ausgegraben. Die Balneologie wurde vorwiegend bei rheumatischen Erkrankungen eingesetzt. So wird von Kaiser Augustus berichtet, dass er Rheumakuren in Baiae und in Dax durchgeführt habe. Plinius der Ältere berichtet über den Einsatz von Thermalbädern und Schlammpackungen bei chronischen Gelenkleiden und bemerkt, dass «die Römer keine anderen Ärzte gekannt haben als ihre Bäder». Später haben die bekannten Vertreter der spätrömischen Medizin wie Galen im 2. Jahrhundert, Cälius Aurelianus im 4. und Paulus von Ägina im 7. Jahrhundert die Balneotherapie chronischer Erkrankungen empfohlen. Paulus von Ägina hatte als Inhaltsstoffe der natürlichen Bäder Nitrid, Salz, Alaun, Schwefel, Asphalt, Kupfer und Eisen angegeben. Sonst finden sich kaum Gedanken über die Wirkungsweisen der Balneologie.

Mit dem politischen Untergang Roms kam auch es zu einem Untergang der Bäderkultur, sei es durch mutwillige Zerstörung oder durch den Zerfall der Badeanlagen. Ausnahmen sind die während der Regierungszeit von Theoderich dem Grossen wiederhergestellten Thermen von Abano und diejenigen von Aachen (durch Kaiser Karl den Grossen). In der berühmten Schrift *De balneis Puteolanis* empfahl Pietro von Eboli um 1220 die Thermalbäder von Puteoli (heute Pozzuoli) und Baiae unter anderem besonders zur Behandlung von chronischen Gelenkleiden. Anderseits schrieb bereits 1388 Giovanni Dedondi in Abano, Thermalbäder schadeten bei akuten fieberhaften Zuständen.

Schriftliches Zeugnis über die praktisch angewandte Balneotherapie nördlich der Alpen findet sich erst ab dem 15. Jahrhundert, obwohl bereits Kelten und Germanen vor der Berührung mit der römischen Zivilisation Heilquellen kannten und nutzten, wie beispielsweise die im 2. vorchristlichen Jahrtausend angelegte Quellfassung der Mauritiusquelle von St. Moritz zeigt. Während der Nürnberger Meistersinger und Barbier Hans Foltz um 1480 in der ersten deutschen Schrift über Thermalbäder die Badedermatitis (Badeausschlag) empfahl, gab Paracelsus Theophrastus von Hohenheim (1494–1541) mit seiner Schrift über die von ihm bereits als mineralarm erkannte Therme von Pfäfers Hinweise auf mögliche Adaptationsvorgänge, indem er dieser Quelle innere Heilkraft zuerkannte und schrieb, dass «zum guten Gelingen einer Kur, eine bekömmliche Diät und entsprechende Lebensweise gehören». Paracelsus versuchte bereits, aus der Wirkung eines Mineralwassers auf seine Inhaltsstoffe zu schliessen.

Da im späteren 16. Jahrhundert die Vorstellung in den Vordergrund trat, dass alle Lebensvorgänge eine Kette chemischer Reaktionen seien und das gestörte chemische Verhältnis des Körpers nur durch Zufuhr chemischer Substanzen ausgeglichen werden könne, begann die Trinkkur der Badekur den Rang abzulaufen; in Deutschland markiert der Dreissigjährige Krieg die Wende auch in der Bekleidung des Badegastes während der Kur. Der Barock trinkt in vollem Ornat. Nach dem Schrifttum ging das soweit, dass die Badeeinrichtungen von damals berühmten Badekurorten wie Karlsbad, Bad Pyrmont oder Spa völlig aufgegeben wurden. Auch im 18. Jahrhundert verbrachten die gehobenen Stände jährlich mehrere Wochen für Trinkkuren an solchen umgenutzten Badekurorten; Goethe hat während 1114 Tagen seines Lebens in Badekurorten Mineralwasser getrunken und beschreibt, dass in Karlsbad morgens 20 bis 30 Becher üblich waren. Gleichzeitig wurde die Brunnenpromenade zelebriert, das «Tronchinieren» oder «Umherwandeln», genannt nach dem Schweizer Arzt und Freund Voltaires, Theodore Tronchin (1709–1781). Dies darf als eine, wenn auch einfache Frühform der Bewegungstherapie angesehen werden. Der von Spa nach Aachen übergesiedelte Badearzt Franciscus Blondel (1631–1703) setzte das Thermalbad vor allem gezielt zur Behandlung rheumatischer Erkrankungen ein und beschrieb unzählige Formen von Anwendungsmöglichkeiten; über die Grundlagen seiner Behandlung machte er sich aber nur mässig Gedanken. Christoph Wilhelm Hufeland, der bedeutendste Arzt der Goethezeit, liess 1815 eine *Praktische Übersicht der verschiedenen Heilquellen Deutschlands* erscheinen, die eine hervorragende und überwiegend empirisch gestützte Kenntnis der einzelnen Thermen erkennen lässt. In der ersten Hälfte des 19. Jahrhunderts gewann die Bäderbehandlung endlich wieder grössere Bedeutung als die Trinkkuren. Nach der Errichtung erster Solbadeanstalten stellte der Bad Nauheimer Brunnenarzt Friedrich Wilhelm Beneke (1824–1882) durch sorgfältige Beobachtung bei der Anwendung kohlensäurehaltiger Solbäder erstmals die günstige Wirkung dieser Bäder bei Herzkranken fest. Zu Beginn des 20. Jahrhunderts erfolgte die Entdeckung der Radioaktivität in Heilquellen. Doch erst nach dem Ersten Weltkrieg kam es zu einer fruchtbaren Zusammenarbeit zwischen Hochschulärzten, Physiologen, Pharmakologen und an Badekurorten tätigen Ärzten, was in Deutschland die Errichtung zahlreicher balneologischer Forschungsinstitute wie auch einiger Lehrstühle für Balneologie an Universitäten zur Folge hatte. Aus mehreren Gründen ist diese Zusammenarbeit in Deutschland heute leider nicht mehr dieselbe, so dass sich die Situation bald derjenigen in der Schweiz nähert, wo die Balneologie an den Hochschulen nicht vertreten ist.

AKTUELLER STAND DES WISSENS

Die klassische Balneologie ist heute in vielen Fällen oft kurortspezifisch bedingt durch die jeweils natürlichen ortsgebundenen Heilmittel wie Heilwässer, Heilgase und Peloide. Zu den Peloiden gehören Heilschlämme, Moor, Fango und Schlick. Heute werden in der Balneologie verschiedene Wirkungskomponenten unterschieden, nämlich mechanische, thermische, chemische und unspezifische Reizwirkungen (Tabelle 1). Bei den mechanischen Wirkungsfaktoren kennen wir den Auftrieb im Wasser, den Reibungswiderstand oder Viskosität sowie den hydrostatischen Druck.

Tabelle 1

GEMEINSAME WIRKUNGSMECHANISMEN DER VERSCHIEDENEN HEILQUELLEN
1. Mechanische Wirkungen – Auftrieb – Viskosität – hydrostatischer Druck
2. Wärmewirkungen – Schmerzstillung – Muskelentspannung – entzündungshemmende Wirkung – verbesserte Dehnbarkeit des kollagenen Bindegewebes – Verbesserung der Verflüssigung der Gelenkschmiere – immunologische Wirkungen (?)
3. Chemische Wirkungen – Verbesserung der Durchblutung – Veränderung der Ionendurchlässigkeit der Haut – Herausspülen körpereigener Stoffe – Hemmung oder Beschleunigung der Hautatmung – Aktivierung der Hypophysen-Nebennierenrinden-Achse und des Nebennierenmarks
4. Unspezifische Wirkungen – bei kurmässiger Anwendung: vegetative Gesamtumschaltung mit Rhythmisierung

Unter dem *hydrostatischen Druck* verstehen wir den Druck des Wassers auf wasserverdrängende Körper. Er steigt mit zunehmender Tiefe unterhalb der Wasseroberfläche linear an. Somit unterscheiden sich die Druckwerte in den verschiedenen Körperabschnitten bei aufrechter Körperhaltung im Wasser erheblich. Der hydrostatische Druck wird besonders an den Niederdrucksystemen des Kreislaufs, den Venen, wirksam: Aus den oberflächlichen Venen verschiebt sich ein Teil des Blutes in tiefere Schichten.

Der nach oben wirkende hydrostatische Druck ist grösser als die herabdrückende Kraft, weil die untere Fläche eines eingetauchten Körpers tiefer unter der Flüssigkeitsoberfläche liegt als die obere. Der resultierende Vektor aus den beiden parallel, aber entgegengesetzt wirkenden Kräften ist daher stets nach oben gerichtet, womit sich der *Auftrieb im Wasser* erklären lässt. Er macht durch seine der Schwerkraft entgegengesetzte Richtung den eingetauchten Körper scheinbar leichter. Daher wiegt der Mensch im Wasser weniger als 10 Prozent des eigentlichen Gewichtes. Das macht sich die Wassergymnastik zunutze, indem der Patient dank des Auftriebs Bewegungen ausführen kann, die ausserhalb des Wassers sehr erschwert sind. Zudem entspannt ein Körper im Wasser reflektorisch seine Stütz- und Haltemuskeln. Die *Viskosität, der Reibungswiderstand* ist die von der Kohäsion des Wassers herrührende, hemmende Kraft, die den Bewegungen des menschlichen Körpers entgegenwirkt. Damit können gestörte Bewegungsabläufe im Sinne einer Harmonisierung gebessert werden, indem der Reibungswiderstand überschiessende Bewegungsausschläge hemmt.

Der *Temperaturreiz* ist abstufbar durch an- und absteigende Temperaturführung, aber auch durch die Wärmekapazität des Wärmeträgers. Ferner spielen die Ausdehnung der behandelten Körperoberfläche, die Lokalisation sowie die Einwirkungsdauer eine Rolle. Neben Auswirkungen auf Herz-/Kreislaufsystem und Atmung sind hormonelle Reaktionen bekannt, z.B. die Veränderung der Harnproduktion, Konzentrationsänderung verschiedener Hormone oder vermehrte Ausscheidungen von Steroiden im Harn im kalten Bad. Heute werden sogar immunologische Vorgänge diskutiert. In der Tat werden gefässaktive Substanzen wie Histamin, Bradykinin und Serotonin freigesetzt.

Im Rahmen der chemischen Wirkungsweise werden mit der Wasseraufnahme und -abgabe durch die Haut auch Ionen resorbiert, d.h. sie durchdringen die Haut und gelangen so in den Blutkreislauf. Anderseits werden auch Ionen deponiert, d.h. in der Haut abgelagert oder ganz ausgewaschen. Die Ionenaufnahme erreicht jedoch nie die Bedeutung einer Substitution der täglich benötigten Ionen. Dies konnten nach intensiven Forschungsarbeiten die Arbeitskreise Drexel und Dirnagl in München, aber auch dank der Isotopentechnik Ruth Lotmar (1964) in Zürich nachweisen. Trotzdem ist dem Ionenaustausch eine gewisse klinische Bedeutung zuzuweisen. Eine mögliche Erklärung aus pharmakologischer und biochemischer Sicht bietet die sogenannte Mediator-Hypothese: Unter balneologischen Massnahmen treten verschiedene Wirkstoffe in der Haut auf und verteilen sich im Körperinnern:

Acetylcholin wird vermehrt gebildet und freigesetzt und löst im Organismus Reaktionen aus, die für die Reizung parasympathischer Nerven typisch sind: Gefässerweiterung, Blutdrucksenkung, Pulsfrequenzsenkung, Aktivierung der Insulinausschüttung.

Histamin: Neben der durchblutungsfördernden Wirkung erhöht es die Durchlässigkeit der Kapillargefässe, so dass gewisse Stoffe ins Gewebe übertreten können. Auch aktiviert es die Nebennierenrinde.

Zudem werden vermehrt die Gewebshormone Bradykinin und Serotonin festgestellt. Diese Neurotransmitter übertragen als Überträgersubstanzen auf chemischem Weg an einer Kontaktstelle zwischen Nervenzellen, der sogenannten Synapse, Nebenimpulse. Beide haben parasympathische Wirkungen. Bei den ebenfalls vorkommenden Leukotaxinen handelt es sich um im Entzündungsbereich vorkommende Substanzen, welche gewisse weisse Blutkörperchen, die Granulozyten, anlocken.

Tabelle 2

MÖGLICHE ANGRIFFSPUNKTE DER THERMISCHEN UND CHEMISCHEN WIRKUNGSKOMPONENTEN
1. Allgemeine Angriffspunkte – Gefässsystem – Immunsystem – vegetatives Nervensystem – Stoffwechsel
2. Lokale Angriffspunkte am Entzündungsprozess – Gefässsystem – Zellen und Zellfunktionen – Freisetzung von Lysosomen und lysosomalen Enzymen – Entstehung und Freisetzung von Entzündungsmediatoren und -modulatoren – Wirksamkeit von Enzymen, Mediatoren & Modulatoren – regenerative Prozesse – Immunreaktionen am Entzündungsprozess

Modifiziert nach K. L. Schmidt (Schmidt 1984)

Dank der balneologischen Grundlagenforschung der letzten Jahre (Tabelle 2) konnten somit verschiedene allgemeine Angriffspunkte am Gefäss- und Immunsystem, am vegetativen Nervensystem, am Stoffwechsel sowie auch an Mikroorganismen nachgewiesen werden (Otto Knüsel 1980). Die Erkenntnisse über möglichst lokale Angriffspunkte am Entzündungsprozess erweitern sich ständig. Der Einfluss des Gefässsystems auf den Entzündungsprozess ist schon seit längerer Zeit bekannt. Neueren Datums ist das Wissen um die Wirkung auf Lysosomen und lysosomale Enzyme sowie vor allem auf Entzündungsmediatoren und Entzündungsmodulatoren. Bei den Lysosomen handelt es sich um Zelluntereinheiten, die mit ihren lysosomalen Enzymen den Ort der intrazellulären Verdauung darstellen. Die Entzündungsmediatoren als potentielle Hauptangriffspunkte der thermischen wie auch der chemischen Faktoren der Balneologie sind das zukunftsträchtigste Forschungsgebiet für die Balneologie überhaupt. Da die meisten natürlichen Heilmittel an der Haut angreifen, muss zweifelsohne dem Hautorgan noch stärkere Beachtung geschenkt werden. So stellen neueste Erkenntnisse die Rolle der Haut als Immunorgan immer mehr in den Vordergrund, so dass eine Wirkungsmöglichkeit der Balneologie hier gesehen werden muss. Trotz der über 3000jährigen Anwendung der Balneotherapie ist die wissenschaftliche Erforschung ihrer klinischen Bedeutung merkwürdig jung, und die Erkenntnisse von den Wirkungsmechanismen natürlicher Heilmittel sind unvollständig. Eine gezielte Balneotherapie hat sich noch nicht voll entwickeln können und ist praktisch noch nicht einsetzbar. Anderseits konnten durch Untersuchungen, die zum Teil über Jahrzehnte dauerten, gewisse chemo-spezifische Immediatwirkungen (Direktwirkungen) der Mineralwässer nachgewiesen werden, auf die wir später eingehen.

Die sogenannte *unspezifische Wirkung* spielt in der Balneologie eine sehr wichtige Rolle: Jede Badekur ist nämlich als Reiztherapie aufzufassen. Die kurmässige Anwendung von Bädern will nicht nur mit der Behandlung Krankheitssymptome verbessern, sondern auch zu funktionellen Leistungssteigerungen führen. So ist es erwiesen, dass verschiedene Krankheiten mit derselben Heilquelle zu bessern sind, anderseits können aber auch verschiedene Heilbäder bei derselben Krankheit heilsam wirken. Daneben kommt es infolge wiederholten Badens, der sogenannten Badeserien, zu einer Umstellung des vegetativen Tonus. Der vegetive Tonus erlaubt uns die Regelung der unbewussten inneren Lebensvorgänge und deren Anpassung an die Erfordernisse der Umwelt. Diese reaktiven Antworten führen zu einer sehr stabilen, oft über Wochen anhaltenden Änderung. Viktor Rudolf Ott (Ott 1979): «Die teils chemo-spezifischen, aber auch physikalisch bedingten Immediat- oder Soforteffekte der Balneotherapie werden überschattet durch Allgemeinwirkungen, die die kurmässig wiederholte Bäderbehandlung hervorruft. Es ist also erst die Reizserie, die über circaseptane Befindensverschlechterungen, die sogenannten Kurkrisen, und die zyklischen Modulationen biologischer Reaktionen letzten Endes zu der erwünschten, länger anhaltenden Situation der Ökonomisierung, der Adaptation und Resistenzsteigerung führt.»

Man kann nun diskutieren, ob die Sofort- oder Immediatwirkung oder die unspezifische, im Sinne einer Langfristwirkung wichtiger seien. Während gewisse Autoren der Meinung sind, dass Forschungen nicht nur die Makrobestandteile von Mineralwässern, sondern auch deren Mikroelemente umfassen sollten, einschliesslich der Bestimmung ihrer pharmakologischen Wirkungsschwellen, schreibt der Physiologe und Balneologe Gunther Hildebrandt (Hildebrandt 1982): «Die Tatsache, dass ein grosser Teil der im Kurverlauf zu beobachtenden objektiven und subjektiven Veränderungen unabhängig von der Wahl der Kurmittel in ähnlicher Form auftritt, lässt die Vermutung zu, dass die Bäder- und Klimakurbehandlung generell eine völlig unspezifische Allgemeinbehandlung darstellt, bei welcher die Art der eingesetzten Kurmittel letztlich auch keine wesentliche Bedeutung für Verlauf und Erfolg der Behandlung hat.» Völlig kontroverse Standpunkte! Man muss sich jedoch bewusst sein, dass neben den Soforteffekten der Balneologie und ihren möglichen chemisch ausgelösten Wirkungen auch die wiederholte, d. h. die kurmässige Anwendung einer Reizserie nötig ist, um jene langfristigen Effekte zu bewirken, die den Erfolg der Balneologie und damit der Kur ausmachen.

Um den heutigen Stand des Wissens über die chemo-spezifische Sofortwirkung der Mineralwässer zu verstehen, ist das Wissen um die Klassifikation der Heilwässer notwendig. (Vergleiche dazu den Beitrag von Hansjörg Schmassmann: «Geologie und Beschaffenheit der schweizerischen Mineral- und Thermalwässer».) Die Heilwässer müssen mindestens eine der folgenden physikalischen und/oder chemischen Bedingungen erfüllen:

a) Mineralquellen:
Das Wasser muss mindestens 1000 mg/kg gelöste Bestandteile enthalten, wobei der Anteil

der einzelnen Zonen mehr als 20 mval% betragen muss. Je nach Menge der An- und Kationen erhält ein Mineralwasser seine chemische Bezeichnung:
- Chloridwässer (Na-, Ca-, Mg-Chlorid); Wässer mit einem NaCl-Gehalt von mindestens 5,5 g Na und 8,5 g Cl-Ionen/kg Wasser werden Solen genannt;
- Hydrogenkarbonat-Wässer (Na-, Ca-, Mg-Hydrogenkarbonat);
- Sulfatwässer (Na-, Ca-, Mg-, Fe-, Al-Sulfat).

b) Spurenstoffquellen:
Wässer, die unabhängig vom Gehalt an Mineralstoffen noch besondere, biologisch aktive Wirkstoffe enthalten. Ihre Konzentration muss folgende Grenzwerte erreichen, um die entsprechende Bezeichnung als Heilwasser führen zu dürfen:
- Eisenhaltige Wässer: Über 20 mg/l Wasser;
- jodhaltige Wässer: Über 1 mg/l Wasser;
- schwefelhaltige Wässer: Über 1 mg/l Wasser;
- kohlensäurehaltige Wässer: Über 1000 mg/l Wasser;
- radonhaltige Wässer: Über 18 nCi/l Wasser.

c) Thermalquellen:
Die Temperatur beträgt konstant über 20°.

d) Akratopegen:
Quellwässer, denen aufgrund klinischer Gutachten heilende, lindernde oder krankheitsverhütende Eigenschaften zuerkannt werden, obwohl sie keine Mineral-, Spurenstoff- oder Thermalquellen sind. Erfüllen sie die Bedingungen einer Therme, heissen sie Akratotherme oder Wildwasser.
Fast alle Heilquellen enthalten eine Kombination biologisch wirksamer Bestandteile.

Solebäder. Bei einem Mindestgehalt von 14 g NaCl/l oder 1,4 % NaCl werden im Vergleich zu Süsswasserbädern eine vermehrte Hautdurchblutung, eine vermehrte Auswaschung von Stoffen aus der Haut und eine verminderte Quellung der Hornschicht der Haut gefunden. In Abhängigkeit von der Salzkonzentration vermehrt sich der Auftrieb, was vor allem im Toten Meer zum Tragen kommt. Als Folge des erhöhten Vagotonus, des anhaltenden Erregungszustandes des parasympathischen Systems, nach Solebädern kommt es zu einer Änderung des vegetativen Tonus, zu einer herabgesetzten nervalen Erregbarkeit und zur Dämpfung einer hyperergetischen Reaktionslage, einer gesteigerten Reizbeantwortungsbereitschaft. Indikationen der Solebäder sind Hauterkrankungen wie Psoriasis vulgaris und Neurodermitis; infektanfällige, «nervöse» Kinder werden in Solebädern behandelt. In Norddeutschland haben sich an Meeresbädern eigentliche Kindersanatorien für diese Krankheiten entwickelt, da Meerwasser einen besonders hohen Gehalt an NaCl hat. Aber auch funktionelle Störungen in der Gynäkologie bis hin zu Sterilität können mit Solebädern behandelt werden.

Schwefelbäder. Der Schwefel findet sich als unentbehrliches Element unter anderem im Bindegewebe, z. B. des Knorpels, in Aminosäuren, dem Grundbaustoff für Eiweisse, und in verschiedenen Enzymen. Der Schwefel hat sein natürliches Vorkommen in Heilwässern als 6wertiger Sulfatschwefel und 2wertiger Sulfhydrilschwefel. Spezifische Wirkungen von Schwefelbädern sind die Anregung des Hautstoffwechsels infolge verbesserter Durchblutung (Hyperämie): durch diesen sogenannten keratolytischen Effekt an der Haut wird die oberste Schicht, die Hornschicht der Haut, abgelöst. Die Aufnahme von Schwefel durch die Haut ist gesichert, doch ohne Substitutionseffekt, d. h. der tägliche Verlust wird damit nicht ersetzt. Im Tierexperiment konnte ein grösserer Anteil von Chondroitinschwefelsäure im Knorpel nach Schwefelbädern nachgewiesen werden. Als unspezifische Wirkung sind Umstimmungsreaktionen des vegetativen Nervensystems bekannt. Als Indikationen gelten dermatologische Erkrankungen sowie rheumatische Erkrankungen.

Kohlensäurebäder. Von natürlichen Kohlesäurebädern wird dann gesprochen, wenn mindestens 1000 mg freies CO_2/l Wasser vorhanden ist. Besser würde man von Kohlendioxidbädern sprechen. Die Diffusion der Kohlensäure durch die Haut erfolgt proportional zum Partialdruck. Als spezifische Wirkungen, welche nachgewiesen werden konnten, kennen wir die sofortige Dämpfung der Kälterezeptoren und gleichzeitig die Stimulation der Wärmerezeptoren. Ferner kommt es zu einer Erweiterung der Arteriolen, der Kapillaren und des Venengeflechts unter der Haut mit einer Steigerung der Hautdurchblutung bis auf das Sechsfache. Damit kommt es zu einer Blutdrucksenkung und einer gesteigerten Diurese (Harnproduktion). Diskutiert wird über den kutoviszeralen Reflex, eine Wirkung von der Haut aus auf die Eingeweide, Gefässerweiterung an inneren Organen, besonders der Koronar- und der Nierengefässe. Als medizinische Indikationen für Kohlendioxidbäder gelten das Trainieren des Kreislaufes bei weitgehender Schonung des Herzens u. a. bei peripheren Durchblutungsstörungen des Stadiums I und II, bei Koronarinsuffizienz sowie bei Zustand nach Infarkt.

Bäder in radioaktiven Wässern. Die Wirkung des Radons ist nicht chemischer, sondern physikalischer Natur. Radon ist ein im Quellwasser gelöstes oder in der Atmosphäre einiger Erdhöhlen wie z. B. Badgastein konzentriert vorkommendes Edelgas, das beim Zerfall des Radiums entsteht. Das in Spuren vorhandene Radiumsalz wird auf der Haut resorbiert und bleibt als langlebiges Folgeprodukt im Körper liegen. Radon dringt über die Haut ein, gelangt in den Kreislauf und verlässt den Körper nach kurzer Zeit durch die Lunge. Als spezifische Wirkungen sind die erhöhte Funktion der Hypophyse und der Nebennierenrinde durch Stimulierung dieser Achse bekannt. Infolge Radonanreicherungen in den Nervenmarkscheiben ist eine spezifische Wirkung bei Neuralgien und Neuritiden bekannt. Ferner kann es infolge Anreicherung im Knochenmark zu einer gesteigerten Produktion von roten Blutkörperchen (Erythropoëse) kommen. Als Indikationen gelten daher Neuralgien, leichte Anämien (Blutarmut) sowie rheumatische Erkrankungen.

Bäder in jodhaltigen Wässern. Die Resorption von Jod durch die Haut ist infolge seiner Flüchtigkeit kleiner als die Menge, die beim Baden eingeatmet wird. Als spezifische Wirkung kommt es bei Hypertonikern zu einer Absenkung des Blutdrucks, des Schlag- und Minutenvolumens und der Pulsfrequenz des Herzens und damit zu einer Umstellung des Kreislaufs auf einen Schongang durch Reizantworten an den peripheren Gefässen. Indiziert sind Jodbäder bei Arteriosklerose sowie bei Hypertonie von älteren Menschen.

Wildwasserbäder. Die Wildwasserbäder unterscheiden sich gegenüber Süsswasserbädern durch ihre thermische Wirkung, durch eine Vielfalt und Kombination von Ionen sowie durch die Feststellung zahlreicher Reaktionen hämatologischer, endokrinologischer und neuro-vegetativer Art. Als Indikation gelten vor allem Lähmungen, rheumatische Erkrankungen sowie labile Hypertonie.

Für die Auswahl des richtigen Kurortes ist die Reizskala der ortsgebundenen Heilmittel von Bedeutung (Tabelle 3). Die schwach mineralisierten Natriumchlorid-Thermen gelten als die mildesten, etwas intensiver wirken Natriumchlorid-Solen und Natriumchlorid-Solethermen, noch reizintensiver die Akratothermen, dann die radioaktiven Wässer und Schwefelwässer und schliesslich die Moorbäder mit den bekannten Gefahren einer Verstärkung gewisser Krankheitssymptome.

DIE BADEKUR

Während früher unter der angewandten Balneologie das reine Baden in einem ortsgebundenen Heilwasser verstanden wurde, formulierte GÜNTHER THIELE (Thiele 1982) folgende Definition des Begriffs: «Unter einer Badekur verstehen wir die Anwendung balneo-therapeutischer Massnahmen einschliesslich der Klima- und Physiotherapie während eines längerfristigen Aufenthaltes an einem Kurort.»

ROBERT GÜNTHER (Günther 1986) definierte: «Es handelt sich um die Anwendung ortsgebundener Heilwässer, die, entweder natürlich oder künstlich erschlossen, in Form von Quellen an die Erdoberfläche austreten und deren Anwendung aufgrund ärztlicher Erfahrungen bestimmte krankheitsverhütende oder krankheitsmildernde Eigenschaften besitzt.»

Nach CHRISTOPH KIRSCHNER (Kirschner 1987) verstehen wir die Kur heute als «ein Gesundheitsexerzitium, indem der einzelne all seine Kräfte zusammenfassen kann, um als noch Gesunder oder schon Kranker das Beste aus seiner Gesundheit zu machen, das bei seiner Veranlagung, seinen Behinderungen oder Krankheiten und in seiner Lebenssituation heute möglich ist.»

Die heute allgemein angewandte komplexe Balneotherapie, wie sie VIKTOR RUDOLF OTT (Ott 1968) schon vor Jahrzehnten formuliert hat, ist ein kombiniertes Behandlungsverfahren und soll eine erfolgreiche Badekur gewährleisten: Neben der Balneotherapie und der physikalischen Therapie nimmt die Ergotherapie mit all ihren Möglichkeiten einen wichtigen Platz ein. Bei vielen Krankheitsformen kann auf die medikamentöse Therapie nicht verzichtet werden. Immer bedeutungsvoller werden die Gesundheitsbildung, in gewissen Fällen die Diätetik sowie die psychologische Führung. Die kombinierte Balneotherapie muss engmaschig überwacht werden, sei es durch die Kontrolluntersuchung des Patienten, aber auch durch den Kontakt des Patienten sowie des Arztes mit dem behandelnden Therapeuten. Die kombinierte Balneotherapie, wie sie in der modernen Badekur angewandt wird, ist keine grüne Alternative zur Pharmakotherapie, sondern eine Ergänzung. KARL E. QUENTIN (Quentin 1986) hat dies folgendermassen formuliert: «Die Kurortmedizin mit ihren naturgemässen Heilmethoden ist als Gesundheitsmedizin fundiert und entspricht nicht einer Alternativmedizin mit weltanschaulichen Prämissen.»

Die natürlichen ortsgebundenen Heilmittel des einzelnen Kurorts können gewissermassen auch eine kurortspezifische Indikation ergeben. Zusätzlich ist es infolge der breiten Infrastruktur am Kurort möglich und auch Ziel der Kurortbehandlung, den Krankheitsprozess zu behandeln, ungünstige Krankheitsfolgen präventiv anzugehen und schon vorhandene Störungen und Schäden zu rehabilitieren. Da in den meisten Fällen diese Infrastruktur am Wohnort fehlt, ist es sinnvoll, diese komplexe Behandlung zentralisiert durchzuführen, damit der Anfahrtsweg entfällt; auf diese Weise können auch die Schwierigkeiten einer Therapie neben der beruflichen Tätigkeit sowie die Kraft- und Zeitverluste einer intensiven ambulanten Therapie umgangen werden. Die Indikationenkommission der schweizerischen Gesellschaft für Balneologie und Bioklimatologie als medizinischer und naturwissenschaftlicher Fachverband hat zuhanden des Verbandes Schweizer Badekurorte allgemeine und spezielle Indikationen der Schweizer Badekurorte erstellt (Tabelle 3). Während im Rahmen der allgemeinen Indikationen alle Heilbäder für die allgemeine Gesundheitsförderung, die Gesundheitsschulung oder -bildung sowie die Prophylaxe und Erholung geeignet sind, ergeben sich bei Erkrankungen des Stütz- und Bewegungsapparates, der Atemorgane, der Erkrankung von Herz- und Kreislauforganen, bei Hautkrankheiten, bei Erkrankungen der Harnwege, bei Stoffwechselkrankheiten, Magen-Darm-Krankheiten, Er-

Indikationen der Schweizer Badekurorte

Tabelle 3

Allgemeine Indikationen:
Für die allgemeine Gesundheitsförderung, Gesundheitsschulung, Prophylaxe und Erholung sind alle Heilbäder geeignet.
Die Wahl des Kurortes ist entsprechend der Konstitution und dem Alter des Patienten zu treffen, auch unter Berücksichtigung der klimatischen Faktoren (Reiz- und Schonklima).

Gemäss der Indikationenkommission der Schweiz. Gesellschaft für Balneologie und Bioklimatologie (SGBB).

Indikation	Andeer 1000 m	Baden-Ennetbaden 388 m	Bad Ragaz/Valens 525/915 m	Bad Schinznach 350 m	Bad Scuol-Tarasp-Vulpera 1250 m	Breiten 900 m	Lenk i. S. 1105 m	Lavey-les-Bains 417 m	Leukerbad 1411 m	Lostorf 525 m	Ramsach 720 m	Rheinfelden/Mumpf 280 m	St. Moritz-Bad 1775 m	Schwefelberg-Bad 1400 m	Saillon 460 m	Serneus 1031 m	Stabio 347 m	Vals 1250 m	Yverdon-les-Bains 435 m	Zurzach 344 m
1. Erkrankungen des Stütz- und Bewegungsapparates:																				
1.1 Rheumatischer Formenkreis: Arthrosen, Osteochondrosen/Spondylosen, «Bandscheibenschäden», Arthritis im chron. Stadium, Spondylitis ankylopoetica (Strümpell-Marie-Bechterew) «Weichteilrheumatismus».	●	●	●	●		●	●	●	●	●	●	●	●	●	●	●	●	●	●	●
1.2 Mechanische Schädigungen: Bewegungsstörungen nach Unfällen, Sudeck'sche Dystrophie, Nachbehandlung nach orthopädischen und neurochirurgischen Operationen (z. B. Discushernie).	●	●	●	●		●	●	●	●	●	●	●	●			●		●	●	●
1.3 Stoffwechsel-bedingte Störungen am Bewegungsapparat: Chronische Formen der Gicht, Osteoporosen.		●	●	●		●	●	●	●	●	●	●	●					●	●	●
1.4 Neurologische Erkrankungen: Restlähmungen des zentralen und peripheren Nervensystems, Neuropathien verschiedener Genese, «Nervenentzündungen».	●	●	●	●		●	●	●	●	●	●	●	●			●		●	●	●
2. Erkrankungen der Atemorgane: Subakute und chronische Erkrankungen der Luftwege (Nasen-Nebenhöhlen, Ohrtrompete und Bronchien).		○		○		●	●		○		●								●	
3. Erkrankungen von Herz und Kreislauforganen:																				
3.1 Leichtere Koronarinsuffizienz und Herzmuskelschäden ohne Dekompensationserscheinungen.		○		●								●	●							
3.2 Frührehabilitation nach Koronarinsuffizienz, Zustand nach Herzinfarkt (in der Regel G-Kurorte).		○		●								●	●							
3.3 Störungen der Blutdruckregulation, arterielle und venöse Zirkulationsstörungen.	○	○	○	●	○		○	○	○	○		●¹ / ○²	●		○			○		○
3.4 Nervöse und funktionelle Herz- und Kreislaufbeschwerden.	○	○	○	●	○		○	○	○	○		●¹ / ○²	●		○			○		○
4. Hautkrankheiten			●			●			●			●¹		●			●			
5. Erkrankungen der Harnwege: Chronische Entzündungen und Infekte der Harnwege und des Nierenbeckens. Nierensteine. Zustand nach Operationen am Nierenbecken und Prostata.					○															
6. Stoffwechselkrankheiten:																				
6.1 Fettsucht.					●	●				●								●		○
6.2 Diabetes mellitus, Störungen des Fett-Stoffwechsels, Gicht.					●															○
7. Magen-Darm-Krankheiten: Schleimhautentzündungen von Magen und Darm, funktionelle Verdauungsstörungen. Zustand nach Magen- und Darm-Operationen. Ulcusbeschwerden ohne Blutungsneigung. Obstipation.					●															
8. Erkrankungen der Leber, der Gallenwege und des Pankreas: Leberfunktionsstörungen nach Gelbsucht und Alkoholismus, Fettleber. – Chronische Entzündungen der Gallenblase und -wege, Gallensteine, Restbeschwerden nach Gallenblasenoperationen. – Chronische Entzündung der Bauchspeicheldrüse.					●															
9. Frauenkrankheiten: Subchronische Unterleibsentzündungen, Menstruationsstörungen, primäre Sterilität, klimakterische Beschwerden.						●					○	●	●							
10. Zahnfleischerkrankungen z. B. Parodontose.								○		○										

● Heilanzeigen 1. Ordnung
○ Heilanzeigen 2. Ordnung

¹ gilt nur für Rheinfelden   ² gilt nur für Mumpf

krankungen der Leber, der Gallenwege und des Pankreas, bei Frauenkrankheiten sowie Zahnfleischerkrankungen gewisse Unterschiede. Es ist dabei jedoch zu bedenken, dass nicht primär die Zusammensetzung respektive der Chemismus der jeweiligen Heilwässer für die Indikationen ausschlaggebend waren, sondern dass auch die Infrastruktur technischer und baulicher Art am Badekurort von Bedeutung ist. Auch Kontraindikationen sind erarbeitet worden, denn gewisse Krankheiten eignen sich nicht für Badekuren (Tabelle 4). Es handelt sich dabei vor allem um frische, entzündliche Erkrankungen im akuten Stadium.

Tabelle 4

KONTRAINDIKATION EINER BADEKUR
Gegenanzeigen sind unter anderem
– febrile, akut entzündliche und ansteckende Krankheiten
– nicht behandelte bösartige Tumore
– frischer Herzinfarkt, schwere Herzinsuffizienz
– frische Venenthrombose
– schwere Geisteskrankheiten
– frische Apoplexie
– dekompensierte Leber- oder Niereninsuffizienz
– Abflusshindernisse in Gallen- und Harnwegen

Als Hauptindikation für eine Behandlung am Badekurort empfehlen sich degenerative Gelenk- und Wirbelsäulenleiden. Während die reine Balneotherapie eher den vorwiegend degenerativen, rheumatischen Krankheiten zuzuordnen ist, ist bei einer klinisch manifesten Arthrose die komplexe Balneotherapie nicht zu umgehen. Auch hier gilt es, das klinische Stadium exakt zu definieren und dann die entsprechende kombinierte Behandlung einzuleiten. Während es bei Arthrose im Schub primär darum geht, durch Ruhigstellung und Kältetherapie den akuten Reizzustand zu dämpfen und damit eine Schmerzlinderung zu erreichen, stellt im inaktiven Stadium im Rahmen der komplexen Balneotherapie die Bewegungstherapie im Wasser die wichtigste Behandlungsform dar. Durch Gymnastik, aber auch durch lokale Massnahmen der Thermotherapie und der Hydrotherapie wie Packungen und Bäder sowie durch Elektrotherapie kann durch eine verbesserte Durchblutung der Gelenkkapsel eine Verflüssigung der Gelenkflüssigkeit mit Verbesserung der Knorpeldurchtränkung und damit eine Steigerung des Knorpelstoffwechsels erreicht werden. Im gelenknahen Bereich führt die Wärmebehandlung der Muskulatur zu deren Entspannung und damit zur Schmerzlinderung.

Die Behandlung an einem Badekurort hat zahlreiche Vorteile. Dank der an den meisten Kurorten bestehenden Infrastruktur können die Patienten interdisziplinär behandelt werden, weil die Anfahrtswege entfallen; der Patient hat die Gelegenheit, seine sozialen Kontakte, welche er am Wohnort vielfach ungewollt oder krankheitsbedingt vernachlässigt hat, zu verstärken. Solche Erfahrungen geben ihm dann die Motivation, in seinem häuslichen Milieu die Kontakte wieder aufzunehmen und zu pflegen. Im Gruppenkontakt mit anderen Leidensgenossen können Erfahrungen ausgetauscht werden, der Patient wird aus seiner Passivität herausgeholt. Eine optimale Therapie am Kurort hat eine gute Zusammenarbeit zwischen dem balneologisch qualifizierten Arzt, den Hausärzten und den Spitalärzten zur Voraussetzung. Von noch grösserer Bedeutung ist die intensive Zusammenarbeit zwischen dem behandelnden Arzt einerseits und dem Physiotherapeuten und Ergotherapeuten anderseits. Erst eine reibungslose Arbeit im Team kann den meisten chronisch kranken Patienten das bieten, was sie am Kurort mit Recht erwarten: zumindest eine Linderung ihrer Beschwerden, eine Besserung ihrer funktionalen Möglichkeiten und vor allem eine Hebung ihres subjektiven Wohlbefindens.

Leider hat der ursprüngliche Begriff der Kur, ein Ganzes aus medizinischer Fürsorge und Hoffnung des Patienten auf Heilung oder doch Linderung seiner Beschwerden, gelitten. Dies ist aber nicht neu, berichtete doch bereits GEORG GRODDEK (Groddek 1894) in der Zeitschrift «Hygieia», dass man die Kur wie ein Glas zerschlagen und jeden Splitter als ein Ganzes hingestellt habe. Nur so erkläre sich die «Unsitte des Kurens mit alten Mastkuren und Hungerkuren, Durstkuren und Milchkuren, Trauben- und Obstkuren, all den Wasserkuren und Massagekuren, den pneumatischen Kuren und Atmungskuren, ja eigenen Gähnkuren und Stotterkuren, all den klimatischen und Luftkuren, Trink- und Brunnenkuren, Schmier-, Injektions-, Sonden- und Intubationskuren, nicht zu vergessen die Antikuren als Entwöhnungskuren und Blutreinigungskuren, als Schwitz-, Abführ- und Kräuterkuren bis hin zu den Begleitungskuren, magnetischen Kuren und den so eigenartigen psychischen Kuren. All diesen Kuren gegenüber gilt es nun, die eine, die individualisierende Kur wieder herzustellen, die sich auf unsere Lebensordnung mit Essen, Trinken, Bewegung, Ruhen, Schlafen, Arbeiten bezieht und die dem Menschen ein Leben verschafft, das ihn nach Möglichkeit gesunden lässt, womöglich gesund erhält, nicht krank macht und vor weiterer Erkrankung schützt.»

Diese vor fast 100 Jahren geschriebenen Sätze haben auch heute noch – und erst recht – ihre volle Gültigkeit.

Leider werden die Badekurorte genausowenig wie ihre Heilwässer bisher von der Bundesgesetzgebung erfasst. Während in der früheren eidgenössischen Lebensmittelverordnung das Mineralwasser als Heilwasser definiert war, wird in der neuen Lebensmittelverordnung nur noch das Mineralwasser aufgeführt, das zu Genuss- und Trinkzwecken dient. Somit fallen sämtliche therapeutisch anzuwendenden Heilwässer weg. In der im Dezember 1987 abgelehnten Revision des Kranken- und Mutterschaftsversicherungs-Gesetzes wäre eine juristische Sicherung der Badekurorte vorgesehen gewesen, stand doch im Artikel 19bis, Absatz 4:

«Verordnet der Arzt eine Badekur, kann der

Versicherte unter den anerkannten Heilbädern frei wählen. Der Bundesrat umschreibt die Voraussetzungen, denen Heilbäder hinsichtlich ärztlicher Leitung, Heilanwendungen und Heilwässer zu genügen haben. Das Departement des Innern anerkennt die Heilbäder.»

Wenn auch im Bundesrecht die Badekurorte selber noch nicht erfasst werden, konnte doch in einer kantonalen Gesetzgebung ein Erfolg verzeichnet werden: Der Kanton Aargau hat seit dem 6. März 1988 in seinem neuen Gesundheitsgesetz in Artikel 58 folgenden Absatz eingefügt:

«Als Heilbäder dürfen nur Bäder mit ortsgebundenen natürlichen Heilwässern bezeichnet werden, die vom Regierungsrat aufgrund wissenschaftlicher Gutachten anerkannt sind.»

Ein Rechtsvergleich mit unseren Nachbarländern zeigt, dass dort in Bundesgesetzen oder Gesetzen der einzelnen Bundesländer natürliche Heilvorkommen und Kurorte umschrieben und geschützt sind. Es ist zu hoffen, dass die Gesetzgeber der einzelnen Kantone in den kommenden Gesetzesrevisionen einen Schutz ihrer wichtigen Heilbäder vorsehen werden.

Literaturverzeichnis

Drexel H., K. Dirnagl: Der Stoffaustausch durch die Haut unter hydrotherapeutischen und bädertherapeutischen Massnahmen. In Arch. physikal. Ther. 20, 361–368, 1970.

Groddek G.: Kur und Kuren. In: Hygieia, 1894.

Günther R., H. Jantsch: Physikalische Medizin. 2. Aufl., Berlin, Heidelberg, New York 1986.

Hildebrandt G.: Zur Zeitstruktur adaptiver Reaktionen. In: Z. Physiother. 34, 23–34, 1982.

Hufeland Ch. W.: Praktische Übersicht der verschiedenen Heilquellen Deutschlands. Berlin 1815.

Kirschner Ch.: Kurortmedizin im Spannungsfeld zwischen Physiologie und Psychosomatik. In: Heilbad und Kurort 39, 272–277, 1987.

Knüsel O.: Die balneologische Forschung in Europa – Versuch einer Standortbestimmung. In: Z. f. Bäder- und Klimaheilkunde 27, 111–129, 1980.

Lotmar R.: Mineralsälzbäder und Hautatmung. In: Arch. phys. Ther. 20, 377–385, 1986.

Ott V. R.: Zur Balneotherapie des Gelenkrheumatismus: die kombinierte Kur. In: Z. f. Bäder- und Klimaheilkunde 4, 351–356, 1968.

Ott V. R.: Balneotherapie der Rheumaerkrankungen im Wandel der Medizin. In: Therapiewoche 29, 10–17, 1979.

Quentin K. E.: Der Kurort – seine Möglichkeiten und Grenzen. In: Heilbad und Kurort 38, 123–125, 1986.

Rudolf G.: Die kulturgeschichtlichen und medizinischen Wurzeln des Bäderwesens. In: Zwei Beiträge zur Geschichte der Balneologie, Schriftenreihe des Deutschen Bäderbandes e.V., Heft 45, Kassel 1982.

Schmidt K. L.: Differentialindikation der Balneotherapie bei rheumatischen Erkrankungen. In: Internist. Welt 7, 222–229, 1984.

Thiele G.: Handlexikon der Medizin. 2 Bände (Studienausgabe). München, Wien, Baltimore 1982.

Bädermedizin heute

Lilian Jaeggi-Landolf

VON DER ERFAHRUNG ZUR WISSENSCHAFTLICHEN ERKENNTNIS

Erfolgreiche Behandlung verschiedenster Erkrankungen. Heilung oder zumindest Linderung in Heilbädern, warmen oder kalten Quellen stehen als Erfahrungsmedizin am Anfang der modernen, wissenschaftlich begründeten Bädermedizin. Ebenso führte die Erfahrung, dass nicht jede Heilquelle für jede Art Erkrankung geeignet war, dazu, dass sich die einzelnen Heilbäder aufgrund der besonderen Eigenart ihrer Quellen, aber auch der übrigen die Heilung beeinflussenden Gegebenheiten – wie z. B. ein besonderes Reizklima – voneinander unterschieden. So wie es in der chemotherapeutischen Behandlung nicht ein Medikament für alle Krankheiten und Beschwerden gibt, gibt es auch nicht eine Heilquelle, die für die Behandlung aller möglichen Erkrankungen geeignet ist.

VIELFALT DER BÄDER

Schon von der Höhenlage und vom örtlichen Klima her zeigt sich die Vielfalt der Bäderlandschaft: Liegt Zurzach auf 344 Meter über Meer, so St.Moritz-Bad im Oberengadin auf 1775 Meter. Man findet Bäder-Kurorte im Jura so gut wie in den Alpentälern, im Wallis wie im Tessin. Eine besonders dichte Zahl weist der Kanton Aargau auf, der deshalb mit gutem Grund Bäder-Kanton genannt wird.

Ebenso vielfältig ist die Lage der Bäder. Viele liegen in freier, ruhiger Landschaft: Bad Ramsach, Lavey-les-Bains, Tarasp, Schinznach oder Schwefelberg-Bad; andere etwa Andeer, Passugg, Ragaz, Breiten, Vals, Lostorf, Saillon, Schuls/Scuol, Lenk i. S., St.Moritz, Serneus, Stabio und Zurzach, sind in dörflicher Nähe zu finden. Ein eigentliches Bade-Kurdorf ist Leukerbad. Als Bäder mit geschichtlich-urbanem Umfeld schliesslich zeigen sich Yverdon, Rheinfelden und vor allem Baden.

Die Eindrücke, die von der Umgebung ausgehen, tragen mit zum Erfolg der Badekur bei. Schöne Landschaften und vor allem auch urbane Orte mit kulturellen Angeboten verstärken durch die intellektuelle und emotionale Ansprache die Wirkung der Badekur. Wir denken dabei z. B. an die Weite des Engadiner Hochtales mit Bergen, Seen und Wäldern oder an Baden mit seinen historischen Gebäuden und einer reichen Geschichte, den Theatern und Konzerten und nicht zuletzt dem pulsierenden Stadtleben.

BREITES BEHANDLUNGSSPEKTRUM

Für uns von Interesse ist indessen die Breite des Spektrums von Krankheitsbildern, welche durch die Bädermedizin insgesamt abgedeckt werden.

Im Vordergrund stehen die Erkrankungen des Stütz- und Bewegungsapparates wie beispielsweise Abnützungserkrankungen, von denen, sei es aufgrund des fortschreitenden Alters, falscher Belastungen, Bewegungsmangel und Übergewicht, die meisten Menschen früher oder später betroffen werden (Arthrosen, Spondylosen, Bandscheibenschäden, Weichteilrheuma, Morbus Bechterew, Arthritis im chronischen Stadium). Zu diesen Krankheitsbildern gehören auch die Zustände nach orthopädischen und neuro-chirurgischen Operationen und nach Unfällen sowie stoffwechselbedingte Störungen (Gicht, Osteoporose). Schliesslich kommen die Bewegungsstörungen bei neurologischen Erkrankungen wie Restlähmungen des zentralen und peripheren Nervensystems.

Chronische und subakute Erkrankungen der Atemorgane können ebenso wie bestimmte Formen von Erkrankungen der Herz- und Kreislauforgane in Bäderkurorten mit entsprechendem Angebot behandelt werden. Das gleiche gilt für Erkrankungen der Haut, der Harnwege und des Stoffwechsels. Einige Kurorte sind geeignet zur Behandlung von Krankheiten im Bereich Magen/Darm, Leber/Gallenwege und Bauchspeicheldrüse sowie von Frauenkrankheiten.

Die Wahl des Kurortes ist aufgrund des Krankheitsbildes, der Konstitution und des Alters des Patienten und unter Beachtung der Kontraindikationen zu treffen. Es gibt in der Tat Körperzustände und Krankheitsbilder, welche die Behandlung in einem Badekurort ausschliessen. Dazu gehören akute fiebrige Entzündungen, ansteckende Krankheiten, aktive Tuberkulose, alle bösartigen, nicht behandelten Tumore, frische Schlaganfälle, Geisteskrankheiten, frischer Herzinfarkt und frische Venenthrombose bis frühestens sechs Wochen nach Beginn, schwere und mittlere Herzinsuffizienz, frischer Schub eines Magen- oder Darmgeschwüres, dekompensierte Leber- oder Niereninsuffizienz sowie Abflusshindernisse in Gallen- und Harnwegen oder Schwangerschaft nach dem fünften Monat. Diese Aufzählung macht deutlich, dass die Wahl einer Kur und eines Kurortes unbedingt mit dem Arzt beraten werden muss.

Bei der Bäderkur kann man in der Tat von einem Breitbandheilmittel moderner Art sprechen. Es war und ist denn auch nicht verwunderlich, dass die moderne, wissenschaftlich begründete Medizin sich schon früh – wenn auch durchaus nicht immer unvoreingenommen, geschweige denn wohlwollend – mit der erfahrungsmedizinisch begründeten Bädermedizin befasst hat. Sie tat dies von zwei Seiten her. Einmal ging und geht es darum, die Wirkungen bestimmter Heilquellen auf die verschiedenen Krankheiten zu erkennen. Anderseits galt es, die chemischen, physikalischen und thermalen Besonderheiten der Heilquellen zu ergründen und die Gesetzmässigkeiten ihres Zusammenwirkens und der Reaktionen beim Patienten zu erkennen.

Bädermedizin bringt gleichzeitig ganz verschiedene Wirkstoffe zur Anwendung und spricht überdies auch ganz verschiedene Teile des Patienten an: Körper, Geist und Seele. Heilbäder haben in der medizinischen Behandlung eine der ältesten Traditionen überhaupt. Die Menschen in der griechisch-römischen Antike haben ihre Wirkung erkannt und geschätzt. Zwar benutzen wir heute die Sprache der modernen Medizin und verwenden Begriffe wie Prävention oder Rehabilitation, doch grundsätzlich ist vieles in der Bädermedizin bis auf unsere Zeit gleich geblieben. Was geändert hat, ist einmal die Erkenntnis von Ursache und Wirkung und damit die zielgerichtete Anwendung entsprechend den medizinischen Diagnosen. Dies hat sich auf die Indikationen ausgewirkt: Wurde früher die Badekur als Allheilmittel betrachtet, so erfolgt ihr Einsatz heute ungleich gezielter. Zum anderen hat sie eine wesentliche Ausweitung erfahren durch Diagnostik- und Behandlungsmethoden der modernen Medizin wie Röntgen- und Labordiagnostik, chirurgische und medikamentöse Behandlungen. Eine besondere Bedeutung im Zusammenhang mit der Bädermedizin erfuhr die physikalische Therapie mit ihren mechanischen, thermischen und elektrischen Wirkungsprinzipien.

WAS IST GESUNDHEIT?

Gesundheit ist das bestmögliche Angepasstsein von Körper und Seele an die Norm des Lebens in einer gegebenen Umwelt. Alle Krankheits- und Verletzungsformen sind ungeachtet ihrer Ursache Störungen dieses Angepasstseins. Krankheit darf nicht nur als Organdefekt verstanden werden, sondern auch als «falsche Gesundheit». Dies hat zur Folge, dass die Stärkung der Gesundheit oder des gesunden Teils des Organismus im Kampf mit der Krankheit die Methode der Wahl in der Therapie sein muss. Das bedeutet für die kurmedizinischen Massnahmen, dass sie vorwiegend gesundheitszentriert sind, im Gegensatz zu klinischen Behandlungsverfahren. Kurmassnahmen wirken nicht spezifisch, sondern über die Stärkung gesunder Anteile des Organismus. Sie sind nicht vorwiegend organbezogen, sondern ganzheitlich. In der Kur löst sich der Mensch vom psychischen Stress, vom Lärm und vom Existenzkampf des Alltags. Er versetzt sich in ein günstiges Kurmilieu, mit Ruhe, Gelöstheit und Entlastung von bedrückenden oder schädlichen Umwelteinflüssen.

VORBEUGEN, HEILEN, REHABILITIEREN

Zum Vorbeugen (Prävention) gehören alle besonderen Massnahmen, die geeignet sind, das Auftreten von Gesundheitsstörungen überhaupt zu verhindern. Im letzten Jahrhundert hat Pfarrer Kneipp intuitiv erkannt, dass auf Prävention ausgerichete Medizin das gestörte Gleichgewicht im Regulationskreis Mensch – Umwelt wieder herstellen muss. Dies kann dadurch erreicht werden, dass die körperliche und seelische Widerstandskraft gestärkt und die schädlichen Einflüsse der Umwelt reduziert werden.

Heilen seinerseits heisst, die Schäden erkennen (Diagnose) und diese durch die Anwendung geeigneter medizinischer Methoden beseitigen.

Auf die Heilung erfolgt die Rehabilitation. Diese ist die Summe aller ärztlichen, psychologischen, sozialen und ökonomischen Massnahmen mit dem Ziel einer vollständigen Wiederherstellung und integralen Eingliederung eines Kranken in Familie, Beruf und Gesellschaft. Auch die beste chirurgische und medizinische Wiederherstellung vermag dem Patienten nicht immer die frühere Leistungsfähigkeit, die verlorenen Muskelfunktionen und die Lebensfreude zurückzubringen, wenn das Selbstvertrauen und die Kenntnisse zur Durchführung des notwendigen Trainings fehlen.

Modern eingerichtete Heilbäder verfügen mit ihren vielseitigen Behandlungsmöglichkeiten und den speziell geschulten Ärzten und Therapeuten über ideale Rehabilitationsmöglichkeiten. Gleichzeitig setzt das Verlassen des Akutspitals für den Patienten einen entscheidenden Markstein auf dem Weg zur Genesung. Gerade bei Patienten nach erfolgreich durchgeführten Hüftgelenk- oder Discushernieoperationen kann man beobachten, wie sie noch nach vielen Monaten vor jeder Tätigkeit und natürlichen Bewegung zurückschrecken aus Angst, sich zu schaden, jedoch nach drei bis vier Wochen intensiver Kurtherapie Selbstvertrauen gewinnen und glücklich die wiedererlangten Fähigkeiten nutzen.

Kurmassnahmen verzichten in der Regel auf Eingriffe in die biologischen Strukturen. Sie trainieren Anpassungsleistungen von Funktionssystemen des kranken Organismus. Durch die verschiedenen Badeanwendungen und die Bewegungstherapie werden in der Kur die geschwächten Organfunktionen geübt und verbessert, was die Abwehrkraft stärkt, die vegetative Regulation stabilisiert und dadurch zur Verbesserung der körperlichen und seelischen Tragfähigkeit und Belastbarkeit führt. Weder die Behandlung in der Therapieabteilung eines Akutspitals noch etwa ein Gruppentraining in der gewohnten Umgebung können ein Gleiches bewirken. Die erstere dient zur kontrollierten Therapieeinleitung vorwiegend während und unmittelbar nach einer Behandlung im Akutspital und die letztere zur Erhaltung der in der Kur wieder erworbenen Fähigkeiten.

KURMITTEL UND BEHANDLUNGSMETHODEN

Es ist selbstverständlich, dass in den klassischen Bäderkurorten zunächst die ortsgebundenen Kurmittel, also Heilquellen, Heilgase und Peloiden (Moor- und Schlammanwendungen in Form von Bädern oder Pakkungen) ihre Wirkung entfalten. Früher nahm man aufgrund der Heilerfolge an, dass die chemische Zusammensetzung der Kurmittel entscheidend sei, dass durch die Aufnahme bestimmter Substanzen eine medikamentenähnliche Wirkung erzielt und fehlende Stoffe ersetzt werden könnten. In dieses Vorstellungsbild wollte indessen die Tatsache nicht passen, dass auch mineralarme Thermen (sogenannte Akratothermen) zu Kurerfolgen führten. Mit modernen, nuklearmedizinischen Forschungsmethoden wurde nun nachgewiesen, dass die durch die Haut in den Körper aufgenommenen Mengen von Substanzen (Schwefel, Eisen usw.) in den wenigsten Fällen ausreichen, um als Substitutionstherapie gelten zu können oder eine medikamentenähnliche Wirkung zu haben.

Bei den meisten Kurmassnahmen steht also die physikalische Wirkung im Vordergrund, indem durch verschiedene thermische, mechanische und andere Reizungen im Körper Reaktionen ausgelöst werden. Neben den ortsgebundenen Kurmitteln gehören heute unerlässlich die modernen physikalischen Behandlungsmethoden wie Elektrotherapie und insbesondere aktive Bewegungstherapie mit verschiedenen Gymnastikmethoden dazu.

Wärmezufuhr erzeugt im Körper ganz bestimmte und je nach Zustand – gesund, krank, Art der Krankheit – unterschiedliche Reaktionen. Die Durchblutung wird gefördert und die Muskelspannung vermindert. Wärme kann je nach Krankheit, Behandlungsanzeige, medizinischer Erfordernis dem Körper auf verschiedene Arten allgemein oder gezielt zugeführt werden, sei es im natürlichen Thermalwasser oder in einer Wärmepackung.

Die gleiche Wärme hat auch eine Wirkung auf die Stimmung und das seelische Wohlbefinden oder Missbehagen des Patienten und beeinflusst auf diesem Weg den Heilungsverlauf.

Neben der Wärme gehören zu den wichtigen, sogenannt passiven Massnahmen auch die Massage-Anwendungen, sei es in Form der klassischen Heilmassage, der Unterwasser-Massage oder aber der speziellen Lymphdrainage- und Bindegewebemassagen.

Der hydrostatische Druck hat seine Auswirkungen sowohl auf die Hautzellen an der Körperoberfläche als auch auf die darunterliegenden Schichten und Gefässe und führt in Verbindung mit den anderen Faktoren zu Reaktionen, welche ursächlich im Zusammenhang mit dem Heilungsprozess stehen. Der Auftrieb, den der Körper im Wasser erfährt, verringert das Körpergewicht des Menschen auf einen Achtel. Das heisst einerseits, dass dem Patienten durch diese Gewichtserleichterung Bewegungen ermöglicht werden, die er auf dem Trockenen wegen fehlender Kraft gar nicht ausführen könnte. Anderseits kann er im Wasser auf beiden Beinen stehen und gehen, ohne dass diese mit mehr als 10 bis 15 Kilo belastet werden. Dieser Umstand erlaubt Unfallpatienten oder an Beinen und Hüftgelenken Operierten schon eine sehr frühe Gehschulung, was sich nicht nur auf die Blutzirkulation, sondern auch auf den Knochenstoffwechsel und die Knochenheilung günstig auswirkt.

Der Wasserwiderstand, der von der bewegten Körperfläche und der Geschwindigkeit der Bewegung abhängt, ermöglicht ein sehr fein dosiertes und angepasstes Übungsprogramm, welches die Gefahr der Überlastung praktisch ausschliesst.

Bäder und passive Kuranwendungen allein sind nach modernen Erkenntnissen in den meisten Fällen für den Kurerfolg nicht hinreichend. Nicht minder wichtig sind die damit kombinierten Aktivtherapien mit den verschiedenen Gymnastikmethoden; denn jede Bewegungs- und Haltungsfunktion ist nur durch koordiniertes Zusammenspiel verschiedener Muskelgruppen möglich.

Die moderne Bädermedizin weist – sowohl von den Heilmitteln wie von den medizinischen Heilmethoden her betrachtet – aussergewöhnlich vielfältige Eigenschaften auf. Sie stehen zudem in vielfältigem direktem und interaktivem Verhältnis zueinander.

DIE WAHL DER RICHTIGEN KUR

Der richtige Einsatz der richtigen Heilmittel oder Heilmethoden ist ausschlaggebend für den Erfolg jeder Behandlung.

Natürlich hat auch für einen gesunden Menschen eine Kur in einem Heilbad unter Beachtung gewisser medizinischer Regeln und Voraussetzungen eine wohltuende, prophylaktische Wirkung. Sie entspricht in diesem Sinne der Prävention. Sie liegt in der Selbstverantwortung des einzelnen.

Anders indessen stellt sich die Frage im Falle einer Krankheit oder einer krankhaften Veränderung im Körper des Menschen. Hier entscheidet die Diagnose letztlich über die Frage der Behandlung und des Einsatzes der Heilmittel.

Unterschiedliche Heilmittel erzeugen unterschiedliche Wirkungen. Daher ist eine genaue Kenntnis der Wirkungen der natürlichen und örtlich gegebenen Heilmittel der Heilbäder, von deren Art, Zusammensetzung und Wirkungsweise, von grösster Bedeutung. Alte Erfahrungen und moderne wissenschaftliche Erkenntnisse führten zur sogenannten Indikationenliste. Diese enthält für alle Heilbäder die notwendigen Angaben über die Krankheiten, zu deren Behandlung das betreffende Heilbad geeignet ist. Sie enthält aber auch – und das ist ebenso wichtig für den Erfolg – die Kontraindikation, d. h., diejenigen Krankheiten oder Zustände, bei welchen eine Badekur ungeeignet oder sogar schädlich sein kann.

Die Methoden der physikalischen Medizin erhalten eine immer grössere Bedeutung im Zusammenhang mit der Anwendung von Heilbädern. Elektrotherapie und Bewegungstherapie sind in Verbindung mit Kurmassnahmen in Heilbädern aus der modernen Bädermedizin nicht mehr wegzudenken. Im Gegensatz zum örtlichen Heilmittel, dessen Anwendung zwar unter ärztlicher Kontrolle erfolgen soll, sind für deren erfolgreiche Anwendung ärztliche Betreuung und medizinisch geschulte Therapeuten unerlässliche Voraussetzung.

DIE ROLLE DES KURARZTES

Entscheidend für den Kurerfolg ist die richtige Wahl der Behandlungsmethoden. Die Therapiemassnahmen müssen genau dem Reaktionsvermögen des Patienten angepasst werden, damit sie eine optimale Wirkung haben und schädliche Folgen aufgrund von Fehlanwendung vermieden werden. Ein solcher Behandlungsplan kann nur nach einer genauen Untersuchung des Patienten durch den gut ausgebildeten Kurarzt mit fundierten Kenntnissen der Wirkungsweise der verschiedenen therapeutischen Massnahmen und ortsgebundenen Heilmittel aufgestellt werden. Der Kurarzt ist Begleiter des Kurpatienten. Er überwacht den Kurfortschritt und passt die Kurmassnahmen gegebenenfalls der Reaktionsweise des Patienten an.

Doch da in der Entstehung der multifaktoriellen Krankheiten, mit denen es der Arzt im Heilbad ganz überwiegend zu tun hat, auch spezifisch menschliche, psychische und soziale Faktoren mitspielen, muss der Kurarzt auch Zeit haben, sich im ärztlichen Gespräch seinem Patienten geduldig zuzuwenden.

Quellen: Dr. med. H.-U. Auer, Schinznach-Bad; Dr. med. R. Eberhard, St. Moritz-Bad; Dr. med. Ch. Kirschner, Bad Neuenahr (BRD); Dr. med. W. Kunz, Zurzach.

Badekuren für Gesunde

Lilian Jaeggi-Landolf

Der aktive Mensch ist körperlichen und seelischen Belastungen ausgesetzt. Diese können sein Wohlbefinden und damit seine Leistungsfähigkeit beeinträchtigen. Im Laufe der Zeit und mit der technischen Entwicklung ändern sich die Belastungen. Schwere Arbeit mit hoher mechanischer Beanspruchung tritt heute allmählich in den Hintergrund. Körperliche Abnützungserscheinungen sind zunehmend die Folge von Fehlhaltungen und Fehlverhalten bei den Körperbewegungen. Fehl- und vor allem Überernährung beginnen sich ebenfalls stärker auszuwirken.

Eine wenig beachtete Erscheinung ist die zunehmende Geschwindigkeit der Abläufe jeder Art. Angefangen beim Verkehr über die Bewegungen der Arbeitsabläufe, die zunehmende Raschheit der Kommunikation bis zu den Entscheidungsabläufen: Es gibt kaum etwas, das nicht dieses Phänomen der steten – manchmal unmerklich schleichenden, manchmal rasant sichtbaren – Beschleunigung zeigt.

Das bedeutet aber nichts anderes, als dass die körperliche und die seelische, moderner ausgedrückt psychische Belastung des aktiven Menschen grösser wird. Es kann dabei offen bleiben, welche Gründe dazu führen, ob die technische Entwicklung, die Zunahme der Bevölkerung, die Veränderungen der geistigen Grundhaltungen in Politik, Wirtschaft und Gesellschaft. Offensichtlich ist, dass insbesondere die Entscheidungsträger – in der Wirtschaft die Kader aller Stufen – zunehmend mit Abnützungserscheinungen als Folge dieser Beschleunigung der Abläufe rechnen müssen. Zwar sind die technischen Erleichterungen und Hilfen zur Bewältigung dieser Aufgaben eindrücklich, doch können sie auch Ursache für zunehmende statt abnehmende Belastung sein. Der Begriff «Stress» umfasst in einem Wort die moderne Form körperlich-seelischer Überbelastung und entsprechender Abnützung.

Kürzere Arbeitszeit und längere Ferien helfen dem aktiven Mensch bis zu einem gewissen Grad, das Gleichgewicht zwischen Abnützung und Regeneration herzustellen. Mit Mass betriebene sportliche Betätigung, gesunde Ernährung und nicht zuletzt genügend Schlaf sind wesentlich für das Gleichgewicht der körperlichen und seelischen Abläufe.

Indessen lässt sich beobachten, dass gerade jene Betätigungen des aktiven Menschen, die an sich seiner Erholung und Regeneration dienen sollten, zu Faktoren der Belastung zu werden drohen. Der unsere Gesellschaft kennzeichnende Leistungsdruck, der – mit Mass allerdings – für eine insgesamt gedeihliche Entwicklung notwendig ist, der aber ebenso immer Gefahr läuft, zum Überdruck zu werden, stellt sich zunehmend auch in jenen Betätigungen ein, welche eigentlich der Rekreation und der Regeneration dienen sollten.

Man ist als Arzt in der Tat manchmal versucht, zu sagen: «Tun Sie etwas für Ihre Gesundheit – aber bitte nicht mehr, als Ihre Gesundheit erträgt!» Der Leistungsdruck im Beruf findet also seine Fortsetzung im Leistungsdruck der Freizeitbetätigung. Statt der regenerativen und rekreativen Wirkung entsteht eine zusätzliche Belastung mit zusätzlicher Abnützung. Angesichts der vorherrschenden Meinungen und oft extremen Vorstellungen über das «Fit-Sein» ist die Gefahr der physischen wie psychischen Überforderung gerade in der Erholungsphase grösser, als gemeinhin angenommen wird.

Dazu kommt, dass sowohl die Tätigkeiten als auch Verhaltensweisen der Menschen unserer Zeit sich immer weiter vom natürlichen altersmässigen Ablauf des menschlichen Lebens entfernen. Dadurch entsteht eine neue und zusätzliche Diskrepanz zwischen der medizinisch möglichen und erreichbaren Regeneration nach Belastung und Abnützung und der dem Lebensalter entsprechenden, im Verhältnis zur abgelaufenen Lebenszeit möglichen, immer unvollständigeren Erholung.

Angesichts dieser Entwicklung zeigt sich das Mittel der Badekur in einem neuen Licht. Ihre wiederherstellende Wirkung nach belastenden Erkrankungen und Operationen ist bekannt und im Erfahrungsschatz von Jahrhunderten ebenso wie im Erkenntnisschatz der modernen Medizin verankert. Ihre vorbeugende Rolle indessen war in den vergangenen Zeiten vielleicht besser erahnt worden als in unserem Jahrhundert, das zwar die moderne Psychologie entwickelt, sich aber lange schwer damit getan hat, die wissenschaftlich ergründbaren Zusammenhänge zwischen dem psychischen und dem physischen Befinden des Menschen zu erkennen und ernstzunehmen.

Die physisch-psychische Belastung und die entsprechenden Abnützungen beim aktiven Menschen rufen nach regenerativen Massnahmen, welche deshalb wirksam sind, weil sie ihrerseits den Menschen in seiner physisch-psychischen Ganzheit ansprechen.

Die Badekur ist ein Mittel par excellence für

den «Bilanzausgleich» im körperlich-seelischen Haushalt des Menschen, auch und insbesondere des aktiven und im landläufigen Sinne gesunden Menschen. Damit sie das aber sein kann, darf sie keine «Kompromisse» eingehen. Angefangen von der Dauer von drei Wochen über den rhythmischen Ablauf der Tage, die Anwendung des ortsgebundenen Mediums bis zur aktiven und passiven, geplanten und medizinisch den individuellen Gegebenheiten und Bedürfnissen des einzelnen angepassten Therapie unter ärztlicher Kontrolle, muss sie ein in sich geschlossenes Ganzes sein, um optimale Wirkung zu zeitigen: das Wohlbefinden wieder herzustellen, zu erhöhen und auf längere Zeit wirksam zu stabilisieren. Sie muss im wahren Sinne des Wortes wohltuend und angenehm sein, körperlich und seelisch. Dann wird sie ihre regenerative Wirkung voll entfalten und natürlicherweise die durch Überbelastung und Beanspruchung verbrauchten Kräfte wieder nachwachsen lassen. Richtig verstanden und angewendet, ist die klassische Badekur, verbunden mit den Erkenntnissen der modernen Medizin und ihren therapeutischen Möglichkeiten, in der Tat ein Gesundbrunnen auch für alle, die gesund und tätig sind und dies bleiben wollen.

Geologie und Beschaffenheit der schweizerischen Mineral- und Thermalwässer

Hansjörg Schmassmann

Entstehung der Mineral- und Thermalwässer

HERKUNFT DES WASSERS

Die Mineral- und Thermalwässer sind als Grundwässer zu verstehen, die sich durch eine besondere chemische Beschaffenheit oder durch erhöhte Temperaturen, oft auch durch lange unterirdische Verweilzeiten auszeichnen.

Grundwässer entstehen, wenn Regen- oder Schmelzwasser oder Wasser aus Flüssen und Seen in den durchlässigen Untergrund versickert und dort schliesslich die Hohlräume zusammenhängend ausfüllt. Die bekanntesten Grundwässer, mit denen viele öffentliche Trinkwasserversorgungen gespeist werden, kommen zum Beispiel in den aus Kies-Sand-Ablagerungen bestehenden Schottern der Talsohlen vor, wo sie sich in den Poren zwischen den einzelnen Geröllen und Sandkörnern bewegen. Die Mineral- und Thermalwässer stammen dagegen zumeist aus Felsgesteinen, deren Hohlräume etwa in Sandsteinen ebenfalls Poren sein können, in manchen Felsarten aber aus Klüften bestehen oder durch die chemische Lösung von Gesteinen entstanden sind (Karsthohlräume).

Die meisten Mineral- und Thermalwässer sind zwar wie andere Grundwässer durch Versickerungen entstanden und, wenn auch oft während sehr langer Zeiträume, in den als stete Folge von Verdunstung, Niederschlag und Abfluss ablaufenden globalen Wasserkreislauf einbezogen. Es gibt aber noch eine andere Entstehungsart von Mineralwässern: Bei der Ablagerung der Sedimente können Wässer in die Poren eingeschlossen werden und während geologischer Zeiträume, das heisst, während Millionen bis Hunderten von Millionen Jahren dem Wasserkreislauf entzogen sein. Wenn diese sogenannten *Formationswässer* ehemaligen Meeren oder Salzseen entstammen, gehören sie zu den am stärksten konzentrierten Mineralwässern.

Mineral- und Thermalwässer werden wie andere Grundwässer in Schächten oder Bohrungen gefasst, die man als *Brunnen* bezeichnet. Aus diesen wird das Wasser mit Pumpen gefördert, oder im Falle eines artesischen Brunnens läuft es unter einem natürlichen Überdruck selbständig zu Tage aus. *Stollen* sind eine andere mögliche Fassungsart. Als *Quelle* wird in der geologischen Fachsprache immer nur ein natürlicher Grundwasseraustritt bezeichnet, der allerdings künstlich gefasst sein kann. In Kurorten redet man dagegen umgangssprachlich oft von Mineralquellen, auch wenn das Wasser nie natürlicherweise am Fassungsort ausgetreten war und erst mit einer Bohrung erschlossen worden ist.

HERKUNFT DER WÄRME

Unter der Erdoberfläche steigt die Temperatur mit zunehmender Tiefe. Der in der Erdkruste nach oben fliessende Wärmestrom wird durch Energie gespeist, die beim natürlichen Zerfall radioaktiver Stoffe freigeworden ist. Den vertikalen Abstand zweier Punkte, die einen Temperaturunterschied von 1°C haben, nennt man *geothermische Tiefenstufe*. Anschaulicher ist der *Temperaturgradient*, der angibt, um wieviel die Temperatur auf einem bestimmten Tiefabschnitt zunimmt. Ein grosser Gradient bedeutet eine hohe Temperatur in geringer Tiefe. Der als Faustwert gebräuchlichen mittleren geothermischen Tiefenstufe von 33 m/°C entspricht ein Temperaturgradient von 30°C/1000 m. Bei einer mittleren Temperatur an der Erdoberfläche von 8°C würde dies bedeuten, dass die Temperatur in 1000 m Tiefe 38°C beträgt. Doch kommen erhebliche regionale und örtliche Abweichungen von diesen mittleren Verhältnissen vor.

Wässer, die aus grossen Tiefen aufsteigen oder in grossen Tiefen erbohrt worden sind und daher eine weit über dem Jahresmittel der Erdoberfläche liegende Temperatur haben, werden *Thermalwässer* genannt. Natürlicherweise treten Thermalwässer nur dann als Quellen zutage, wenn gut wasserwegsame Verbindungen aus den tieferen Teilen der Erdkruste bestehen, so dass Wasser ohne erhebliche Abkühlung aufsteigen kann.

In vielen Ländern Europas ist es gebräuchlich, ein Wasser als Thermalwasser zu bezeichnen, wenn seine natürliche Temperatur mindestens 20°C beträgt. Eine diesbezügliche gesetzliche Vorschrift besteht aber in der Schweiz seit der Revision der Lebensmittelverordnung von 1986 nicht mehr. Für die direkte Anwendung der Wässer in Kurorten sind höhere Temperaturen als 20°C erforderlich, in Schwimmbädern über 28°C, in Wannenbädern über 34°C.

HERKUNFT DER MINERALISATION

Lösung von Salzen. Wenn Salze in Wasser gelöst werden, zerfallen sie in *Ionen,* nämlich in einen elektrisch positiv geladenen Anteil, die *Kationen,* und einen negativ geladenen Anteil, die *Anionen.* Allerdings kommen auch einige der im Wasser gelösten Stoffe, z. B. die Kieselsäure, nicht als Ionen, sondern als in feinster Verteilung gelöste Partikel vor.

Die in den Untergrund eingedrungenen Wässer können mit leicht löslichen Salzgesteinen in Kontakt kommen, die im Laufe der Erdgeschichte zum Beispiel aus dem Meer oder aus Seen ausgefällt worden sind. Dabei werden die Salze wieder gelöst. So gehen aus dem Calciumsulfat-Mineral *Gips* das Kation *Calcium* und das Anion *Sulfat* in Lösung (Abb. 1), wobei Mineralwässer mit mehr als 2 g/l gelösten Bestandteilen entstehen können. Ebenso wird das sporadisch in Gipslagern als *Bittersalz* vorkommende Magnesiumsulfat gelöst. Hohe *Magnesium*-Konzentrationen können jedoch auch auftreten, wenn nach einer Lösung des Calcium-Magnesium-Karbonats *Dolomit* und des Calcium-Sulfats *Gips* das chemische Gleichgewicht wiederhergestellt und dabei Calcium-Karbonat ausgefällt wird, Magnesium zusammen mit Sulfat aber gelöst bleibt.

Sehr hohe Mineralkonzentrationen, bei 10°C bis zu 357 g/l, entstehen, wenn *Steinsalzlager* ausgelaugt werden. Die bei 10°C entstehende Konzentration von 357 g/l übertrifft den Salzgehalt des Meerwassers um das Zehnfache. Solche hochkonzentrierte Lösungen, die *Solen* genannt werden, gewinnt man zum Beispiel im aargauischen und basellandschaftlichen Rheintal dadurch, dass man das in den Schichten des Felsuntergrundes vorkommende Steinsalzlager durch Bohrungen erschliesst, gewöhnliches Grundwasser in die Bohrlöcher einbringt und die bei der Lösung des Salzes entstehende Natrium-Chlorid-Sole zu Tage fördert.

Lösung von Karbonaten. Reines Wasser löst aus Kalksteinen bei 20°C nur etwa 14 mg/l Calciumkarbonat oder gegen 6 mg/l Calcium-Ionen. Gewöhnliche Grund- und Quellwässer enthalten aber häufig 10- bis 20mal soviel Kalk gelöst, als ihn reines Wasser zu lösen vermöchte. Die höhere Kalklösung ist auf *Kohlendioxid* zurückzuführen, das sich mit Wasser in geringem Betrage zu Kohlensäure umsetzt (in der Umgangssprache wird das Kohlendioxid selbst häufig inkorrekterweise als Kohlensäure bezeichnet). Der Anteil des Kohlendioxids an der freien Atmosphäre beträgt zwar nur etwa 0,03 %. Kohlendioxid wird aber in den obersten Bodenschichten bei der Atmung der Wurzeln von Pflanzen und beim mikrobiellen Abbau organischer Stoffe in beträchtlichen Mengen freigesetzt. Das in den Boden versickernde Wasser kann deshalb 10- bis 100mal soviel Kohlendioxid aufnehmen, als es dies im Kontakt mit der freien Atmosphäre zu tun vermöchte. Vor allem dieses durch biochemische Prozesse freigesetzte Kohlendioxid löst aus den durchsickerten und durchflossenen Böden und Gesteinen den Kalk heraus und verursacht damit die Mineralisation der meisten Grund- und Quellwässer.

Um *Calcium- und Hydrogenkarbonat-Ionen* in Lösung zu halten, muss auch ein Teil des Kohlendioxids in Lösung bleiben. Dieses «Kalk-Kohlensäure-Gleichgewicht» kann durch die Beimischung von Calcium-Sulfat-Wässern gestört werden, so dass dann eine Ausfällung von Kalk möglich ist und dadurch die Hydrogenkarbonat-Konzentration abnimmt.

Da das Dargebot an biochemisch erzeugtem Kohlendioxid beschränkt ist, beträgt der allein durch die Lösung von Karbonaten entstandene Gehalt an gelösten Bestandteilen normalerweise höchstens etwa 0,5–0,6 g/l. Sehr hohe Hydrogenkarbonat-Konzentrationen treten dagegen in *Kohlensäurewässern* oder «Säuerlingen» auf, deren Kohlendioxid aus grossen Tiefen zuströmt. In der Umgebung von Basel (z. B. Bohrung Rheinfelden-Engerfeld) stammen solche Kohlendioxid-Vorkommen wahrscheinlich aus einer Entgasung von Magmen, also von Gesteinsschmelzen. Kohlendioxid-Gas entsteht jedoch auch aus Karbonatgesteinen bei der im Innern der Erdkruste infolge der erhöhten Temperaturen und Drucke auftretenden Gesteinsumwandlung, der sogenannten Thermometamorphose (Abb. 1). Damit sind zum Beispiel die Hydrogenkarbonat-Säuerlinge der Bündner Alpen zu erklären (u. a. Scuol-Tarasp, St. Moritz, Passugg). Ihr Wasser stammt zwar wie das von schwächer mineralisierten Grundwässern aus versickerten Niederschlägen. In grossen Tiefen wird aber durch die Gesteinsmetamorphose Kohlendioxid-Gas freigesetzt, das bei seinem Aufstieg die in höheren Teilen der Erdkruste zirkulierenden Wässer antrifft und sich in ihnen löst. Die mit Kohlendioxid gesättigten Wässer vermögen dann in viel stärkerem Masse Mineralbestandteile aus dem durchflossenen Gesteinskörper zu lösen als Wässer, die nur das von biochemischen Prozessen und das aus der Atmosphäre stammende Kohlendioxid ent-

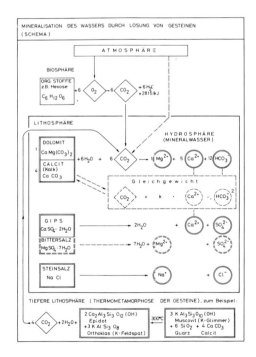

Abb. 1 Mineralisation des Wassers durch Lösung von Gesteinen (Schema).

halten. Das Mineralwasser der Sotsassquelle von Scuol enthält zum Beispiel zusammen mit 2,4 g/l gelöstem Kohlendioxid-Gas insgesamt 2,3 g/l gelöste feste Bestandteile überwiegend als Calcium- und Hydrogenkarbonat-Ionen.

Ionenaustausch, Hydrolyse und Oxidation. Zahlreiche Silikatmineralien enthalten, obwohl sie selbst wasserunlöslich sind, abspaltbare Ionen, die sie gegen in Wasser gelöste Ionen auszutauschen vermögen. Durch diesen *Ionenaustausch* können zum Beispiel Wässer, die ursprünglich durch Lösung von Calcium- und Magnesiumkarbonat oder -sulfat mineralisiert worden waren, zu Natrium-Hydrogenkarbonat-Wässern oder zu Natrium-Sulfat-Wässern werden (Abb. 2).

Bei der *Verwitterung* von Gesteinen und Mineralien finden ausser dem mechanischen Gesteinszerfall meist auch chemische Umsetzungen statt. Säuren beschleunigen die sogenannte *Hydrolyse*, durch welche die gegen 80 % der Erdrinde aufbauenden Silikatmineralien zersetzt werden. Als wichtigste Säure agiert die Kohlensäure, die sich bei der Auflösung von Kohlendioxid in geringen Mengen bildet. Beim biochemischen Abbau organischer Stoffe können ausserdem Schwefelsäure, Salpetersäure und organische Säuren entstehen. Ein Beispiel der Hydrolyse ist die Zersetzung eines Feldspats zu Kaolinit, wobei Natrium- und Hydrogenkarbonat-Ionen sowie Kieselsäure in Lösung gehen (Abb. 2).

Eisen, das bei der Verwitterung ebenfalls freigesetzt wird, kann nur bei Abwesenheit von Sauerstoff in erheblichen Konzentrationen mit dem Wasser abtransportiert werden. Im austretenden Quellwasser wird es dann aber durch den Sauerstoff der Luft zu rotbraunen Eisenhydroxiden oxidiert und abgeschieden (Beispiel Goethit in Abb. 2).

Reduktionsvorgänge. Bei der Oxidation organischer und anorganischer Stoffe wird der im Wasser gelöste Sauerstoff verbraucht. Dabei kann es zu einem vollständigen *Sauerstoffschwund* kommen. In Mineralwässern sind es oft fossile organische Substanzen wie Kohlenwasserstoffe (Erdgas, Erdöl, Bitumen), Kohlen oder Torf, bei deren Oxidation der Sauerstoff aufgezehrt worden ist. In den Wässern, die kein gelöstes Sauerstoff-Gas mehr enthalten, decken Mikroorganismen ihren Sauerstoffbedarf aus chemisch gebundenem Sauerstoff. Zu einer derartigen, als anaerob bezeichneten Oxidation organischer Stoffe verwenden z. B. spezialisierte Bakterien den in Sulfaten (SO_4^{2+}) enthaltenen Sauerstoff, wobei *Sulfide* (HS^-) und *Schwefelwasserstoff*-Gas (H_2S) entstehen (Abb. 3). Der Vorgang ist in der Grafik (Abb. 3) mit Methan als organischer Substanz dargestellt; sind kompliziertere organische Verbindungen betroffen, verläuft er prinzipiell gleich.

Nebenbestandteile der Mineralwässer. Häufige Bestandteile der Mineralwässer sind die Kationen Natrium, Calcium und Magnesium sowie die Anionen Chlorid, Sulfat und Hydrogenkarbonat (in alkalischen Wässern mit Karbonat-Ion), ferner die vorwiegend nicht als Ion vorkommende Kieselsäure. Diese wichtigsten *Hauptbestandteile* von Mineralwässern werden vor allem je nach der Art der durchflossenen Gesteine und je nach der Menge des für die Karbonatlösung verfügbaren Kohlendioxids in unterschiedlichen Konzentrationen gelöst. Alle übrigen in Lösung gegangenen festen Stoffe sind zumeist in geringeren Konzentrationen als diese Hauptbestandteile vorhanden.

Eine besondere Stellung unter den Nebenbestandteilen nimmt der in anorganischer Form vorkommende *Stickstoff* ein, der je nach dem Oxidations- oder Reduktionszustand des Wassers in Form des Anions Nitrat (z.T. mit Nitrit) oder in Form des Kations Ammonium auftritt oder bis zu elementarem Stickstoff reduziert sein kann. Hohe Nitrat-Gehalte kommen nur in sauerstoffhaltigen, meistens oberflächennahen Grundwässern vor, die Einflüssen der Düngung landwirtschaftlicher Böden ausgesetzt sind.

Für die geringen Konzentrationen anderer *Nebenbestandteile* gibt es zwei Gründe. Entweder besitzen die Stoffe eine geringe geochemische Mobilität, oder sie kommen in den häufigen Gesteinsarten allgemein nur in geringeren Anteilen vor als die Hauptbestandteile.

Elemente, die in den Gesteinen häufig vorkommen, aber eine *geringe geochemische Mobilität* haben, weil sie zu schwer löslichen Verbindungen oxidiert, an Gesteinsoberflächen mit anderen Ionen ausgetauscht oder sorbiert werden, sind Aluminium, Kalium, Eisen und Mangan. Zu den Elementen, die nur in kleinen Konzentrationen in Lösung gehen, weil sie *in den Gesteinen selten* sind, gehören u. a. Fluor, Brom, Jod, Lithium, Strontium, Kupfer, Zink, Molybdän, Vanadium und Bor. Ihre Gehalte sind im wesentlichen vom Vorkommen in dem vom Wasser durchflossenen Untergrund abhängig.

Radioaktive Mineralien, bei deren Zerfall *Radon-Gas* freigesetzt wird, kommen namentlich in kieselsäurereichen Erstarrungs-

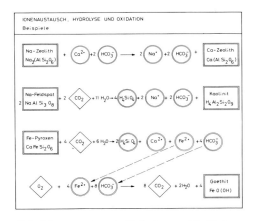

Abb. 2 Ionenaustausch, Hydrolyse und Oxidation. Beispiele.

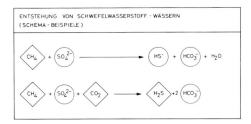

Abb. 3 Entstehung von Schwefelwasserstoff-Wässern (Schema-Beispiele).

gesteinen, zum Beispiel Graniten, vor. In deren Verbreitungsgebiet treten deshalb in der Schweiz die Wässer mit den höchsten natürlichen Radioaktivitäten auf.

ALTER VON MINERALWÄSSERN

Isotopenuntersuchungen. Die natürlicherweise als Quellen zutage tretenden oder die aus Bohrungen geförderten Mineral- und Thermalwässer haben oft lange unterirdische Fliesswege und Verweilzeiten hinter sich, seitdem sie als Niederschlagswasser in den Boden versickert sind. Für die Bestimmung der Herkunft von Wässern und ihres Alters haben sich die *Isotope* der am Aufbau des Wassers beteiligten Elemente Wasserstoff und Sauerstoff sowie Isotope von Elementen der im Wasser gelösten Stoffe als bedeutungsvoll erwiesen. Als Isotope bezeichnet man die zu einem bestimmten Element gehörenden Atome mit gleicher Kernladung (Ordnungszahl) und daher mit gleichen chemischen Eigenschaften, aber mit verschiedener Masse. Der an einem Atomsymbol links oben angebrachte Index bedeutet die Massenzahl (Nukleonenzahl) und kennzeichnet das Isotop des betreffenden Elements. Es gibt stabile Isotope (z. B. ^1H, ^2H, ^{16}O, ^{18}O) und instabile, radioaktiv zerfallende Isotope (z.B. ^3H, ^{14}C, ^{39}Ar). Die drei Isotope des Wasserstoffs haben eigene Namen: ^1H = Protium, ^2H = Deuterium, ^3H = Tritium.

Stabile Wasserstoff- und Sauerstoff-Isotope und Edelgase. In natürlichen Wässern befinden sich im Mittel unter einer Million normaler Wassermoleküle mit dem leichten Sauerstoffisotop ^{16}O etwa 2000 Moleküle mit dem schweren Isotop ^{18}O, ferner etwa 320 Moleküle, in denen eines der beiden normalen Wasserstoffatome ^1H durch das schwere Wasserstoffisotop ^2H (Deuterium) ersetzt ist.

Die Isotopengehalte schwanken je nach den geographischen und meteorologischen Bedingungen. So nehmen die schwereren *Wasserstoff- und Sauerstoffisotope* in den Niederschlägen mit fallenden Temperaturen und damit in Gebirgen mit den zunehmenden Höhen ab. Die Bestimmungen können deshalb Hinweise auf die Höhenlage des Einzugsgebietes geben, in welchem das Wasser unter heutigen Klimabedingungen versickert ist. Wenn aber ein sehr altes Wasser während einer kalten Klimaperiode in geringen Höhenlagen versickert ist, wird es wie ein heute in grossen Höhen versickertes Wasser ebenfalls verhältnismässig niedrige Anteile an schweren Wasserstoff- und Sauerstoffisotopen enthalten. So lassen Isotopengehalte, wie sie in Niederschlägen bei um den Gefrierpunkt liegenden Temperaturen vorkommen, in einigen Tiefengrundwässern des schweizerischen Mittellandes und angrenzender süddeutscher Gebiete darauf schliessen, dass die Versickerung während einer Eiszeit, also vor mehr als 10 000 Jahren, stattgefunden haben muss. Dies wird durch die Ergebnisse von *Edelgas*-Untersuchungen bestätigt. Edelgas-Konzentrationen eines alten Grundwassers eignen sich nämlich als geologisches Thermometer, weil in einem Wasser um so mehr Gase gelöst werden, je tiefer die Temperatur ist, und weil die Edelgase chemisch inaktiv sind und ihre Konzentrationen daher nach der Versickerung des Wassers durch keine Reaktionen mit dem Gestein verändert werden. Wegen der bei ihrer Versickerung herrschenden niedrigen Temperaturen haben die erwähnten Wässer mit geringen Gehalten an schweren Wasserstoff- und Sauerstoffisotopen auch höhere Edelgas-Konzentrationen als die im gleichen Gebiet beim heutigen Klima versickernden Wässer.

Radioaktive Isotope. Das radioaktive Wasserstoffisotop *Tritium* (^3H) entsteht in der Atmosphäre natürlicherweise, durch Einwirkung der kosmischen Strahlung. Ab 1953 hatten sich die Tritiumkonzentrationen in der Atmosphäre als Folge der Wasserstoffbombentests stark erhöht, im Jahre 1963 bis zum 1000fachen der natürlichen Gehalte. Seitdem die Vereinigten Staaten, Grossbritannien und die Sowjetunion 1963 vereinbarten, auf Kernwaffenversuche in der Atmosphäre zu verzichten, nahm die Tritium-Konzentration in den Niederschlägen stark ab.

Über die versickerten Niederschläge gelangt das Tritium ins Grundwasser und unterliegt dort mit einer Halbwertszeit von etwa 12,4 Jahren dem radioaktiven Zerfall. Natürlicherweise betrug der Tritiumgehalt der Niederschläge 6 Tritiumeinheiten (TU), was 6 Tritiumatomen je Trillion (10^{18}) Wasserstoffatomen entspricht. In dem 1953 vor den Bombentests als Niederschläge gefallenen und versickerten Wasser wird also 37 Jahre später, im Jahre 1990, eine Tritiumkonzentration von weniger als 1 TU vorhanden sein, die bereits nahe der üblichen Bestimmungsgrenze liegt. Daher lässt sich mit der Tritium-Bestimmung zunächst vor allem feststellen, ob ein Wasser nach 1953 gebildet wurde oder früher. Wässer, die 1990 Tritium in einer Konzentration von weniger als 1 TU enthalten, sind mehr als 37 Jahre im Boden. Dies trifft zum Beispiel für das Thermalwasser Zurzach zu. Bei kleineren unterirdischen Verweilzeiten eines Grundwassers kann man mit der noch messbaren Tritium-Konzentration unter Berücksichtigung des langjährigen Gangs in den Niederschlägen (von 1953 bis 1963 zu-, dann abnehmend) und des gesetzmässigen radioaktiven Zerfalls das mittlere Alter abschätzen. Oft kommen allerdings Mischungen von altem, tritiumfreiem mit jungem, tritiumhaltigem Wasser vor, was zum Beispiel in den Thermalquellen von Baden und Leukerbad der Fall ist, wo sich aus der Tritiumkonzentration die Anteile von Wässern verschiedener Herkunft und verschiedenen Alters ermitteln lassen.

Wie Tritium wird das radioaktive *Kohlenstoffisotop ^{14}C* durch Einwirkung der kosmischen Strahlung in der Atmosphäre gebildet. Auf eine Billion (10^{12}) normale Kohlenstoffatome ^{12}C entfällt ein Kohlenstoffisotop ^{14}C. Mit dem normalen Kohlenstoff gelangt dieses als Kohlendioxid (CO_2) in den Biozyklus und wird dort zum Baustein für die lebende organische Substanz. Die versickernden Niederschläge nehmen mit dem durch biochemische Prozesse wieder freigesetzten und in den Böden angereicherten Kohlendioxid auch das radioaktive ^{14}C auf, das während der unterirdischen Verweilzeit des Wassers mit einer Halbwertszeit von 5570 Jahren zerfällt. Die in einem Grundwasser gemessene Restaktivität wird in «% modern» ausgedrückt, wobei unter «modern» ein natürlicher ^{14}C-Wert eines im Jahre 1950 gewachsenen Holzes verstanden wird, weil das ^{14}C in der Atmosphäre wie das Tritium später durch Kernwaffenversuche erhöht wurde. Der ^{14}C-Gehalt eines Grundwassers wird allerdings noch durch andere Prozesse als nur den radioaktiven Zerfall beeinflusst, so dass die Auswertung der Messungen vereinfachende Modelle verlangt und man die Ergebnisse als «Modellalter» ausdrückt, mit welchen etwa die letzten 50 000 Jahre erfasst werden.

Für die Altersbestimmung von Wässern werden weitere radioaktive Isotope verwendet, wobei das Argon-Isotop ^{39}Ar im Vordergrund steht, weil es eine zwischen Tritium und ^{14}C liegende Halbwertszeit von 269 Jahren hat, also mittlere Altersbereiche von einigen hundert Jahren abdeckt und als chemisch inaktives Edelgas keine Wechselwirkungen mit dem vom Grundwasser durchflossenen Gestein erfährt, welche zum Beispiel die Interpretation der ^{14}C-Gehalte komplizieren.

Bezeichnung von Mineralwässern

MASSEINHEITEN

In Mineralwasseranalysen werden die Konzentrationen der gelösten festen Bestandteile und Gase angegeben. Die in Milligrammen pro Liter (mg/l) ausgedrückte *Massenkonzentration* besagt, welche Masse (Milligramme) des bestimmten Stoffs in der Volumeneinheit (Liter) gelöst ist. Um die chemischen Wechselwirkungen besser überblicken zu können, werden für die Kationen und Anionen ausserdem die *Äquivalentkonzentrationen* angegeben. Bisher war hiefür die Einheit Millival pro Liter (mval/l) üblich, die aber keine gesetzlich gültige Bezeichnung mehr ist und die mit den gleichen Zahlenwerten nach der Nomenklatur des internationalen Einheitensystems jetzt Millimol (Äquivalent) pro Liter (mmol(eq)/l) oder Mol(Äquivalent) pro Kubikmeter (mol(eq)/m³) heisst. Die Äquivalentkonzentration mmol(eq)/l oder mol(eq)/m³ erhält man durch Division der Massenkonzentration durch die Relative Molekülmasse (früher: Molekulargewicht) und die Multiplikation dieses Quotienten mit der Ladungszahl (früher: Wertigkeit) des Ions. Im Falle von Calcium (Ca^{2+}) mit der Molekülmasse (Atommasse) 40,08 und der Ladungszahl 2 ergibt zum Beispiel eine Massenkonzentration von 40 mg/l gerundet eine Äquivalentkonzentration von 2,00 mmol(eq)/l. Wie früher während langer Zeit zum Beispiel Fuss und Meter und heutzutage Kalorien und Joule werden heute auch die verschiedenen Einheiten der Konzentrationen von Wasserinhaltsstoffen und ihren Bezeichnungen nebeneinander verwendet.

In einer vollständigen Analyse sollte die Summe der Kationenäquivalente gleich gross wie die Summe der Anionenäquivalente sein. Der als *Ionenbilanzierung* bezeichnete Vergleich der beiden in mmol(eq)/l angegebenen Summen dient daher dazu, Richtigkeit und Vollständigkeit einer Wasseranalyse zu überprüfen.

KLASSIERUNG

Für die Klassierung oder Typisierung der Wässer berechnet man schliesslich die prozentualen Anteile der einzelnen Kationen an der Summe aller Kationenäquivalente und die der einzelnen Anionen an der Summe aller Anionenäquivalente. Wenn man die Wassertypen mit chemischen Symbolen bezeichnet, werden zuerst die Kationen, dann die Anionen, die mit mehr als 10 mmol(eq)-% beteiligt sind, in der Reihenfolge ihrer Häufigkeit aufgelistet. Ionen mit mehr als 50 mmol(eq)-% werden dabei unterstrichen, solche mit weniger als 20 mmol(eq)-% in Klammern gesetzt. Bei der Bezeichnung in Worten ist es üblich, zur chemischen Charakterisierung nur diejenigen Ionen heranzuziehen, die sich mit wenigsten 20 mmol(eq)-% an der Kationen- oder an der Anionensumme beteiligen.

Die wichtigsten namengebenden Ionen sind:

Na^+	Natrium
Mg^{2+}	Magnesium
Ca^{2+}	Calcium
Cl^-	Chlorid
SO_4^{2-}	Sulfat
HCO_3^-	Hydrogenkarbonat
CO_3^{2-}	Karbonat

Das Thermalwasser von Lavey-les-Bains mit 79,6 % Na^+, 14,2 % Ca^{2+}, 34,2 % Cl^-, 55,8 % SO_4^{2-} und Anteilen von weniger als 10 % aller anderen Ionen (Analyse nach Högl 1980) wird zum Beispiel wie folgt bezeichnet:

Mit Symbolen: $\underline{Na}$-(Ca)-$\underline{SO_4}$-Cl-Wasser
In Worten: Natrium-Sulfat-Chlorid-Wasser

MINERALWÄSSER ALS LEBENSMITTEL

Für die in Flaschen oder andere Behältnisse abgefüllten Mineralwässer (Abb. 4) gelten in der Schweiz die besonderen Vorschriften der Lebensmittelverordnung. Danach wird unter einem «Natürlichen Mineralwasser» ein mikrobiologisch einwandfreies Wasser verstanden, das aus einer oder mehreren natürlichen Quellen oder aus künstlich erschlossenen unterirdischen Wasservorkommen besonders sorgfältig gewonnen wird. Es muss sich auszeichnen durch die besondere geologische Herkunft, die Art und die Menge der mineralischen Bestandteile, durch seine ursprüngliche Reinheit sowie durch die im Rahmen natürlicher Schwankungen gleichbleibende Zusammensetzung und Temperatur. Je nach der Zusammensetzung muss oder kann die Sachbezeichnung «Natürliches Mineralwasser» durch spezielle Angaben ergänzt werden. Zum Beispiel muss das Wasser bei einem Mineralsalzgehalt von nicht mehr als 500 mg/l als natürliches Mineralwasser mit geringem Gehalt an Mineralien bezeichnet werden; bei einem Gehalt von mehr als 1500 mg/l kann es als natürliches Mineralwasser mit hohem Gehalt an Mineralien bezeichnet werden. Oder wenn der Natriumgehalt mehr als 200 mg/l beträgt, ist das Wasser als natriumhaltig zu beschriften; wenn er weniger als 20 mg/l beträgt, ist die Angabe «geeignet für natriumarme Ernährung» erlaubt. Für weitere Vorschriften sei auf die 1986 geänderte Lebensmittelverordnung verwiesen.

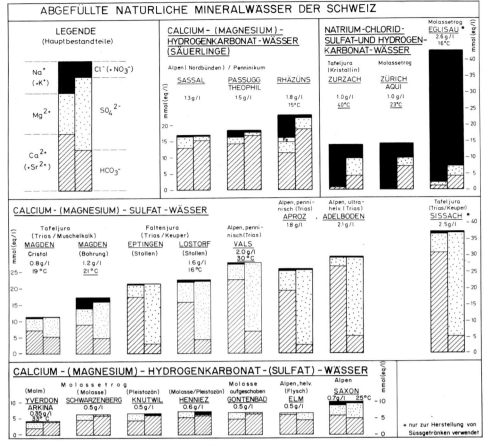

Abb. 4 Abgefüllte natürliche Mineralwässer der Schweiz.

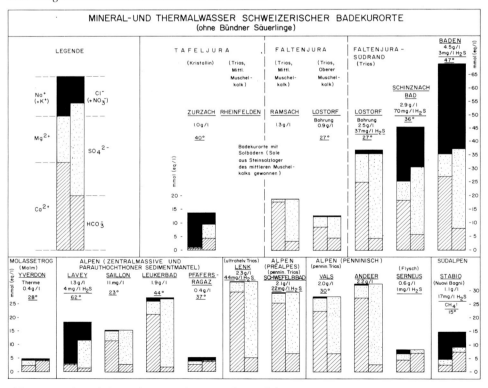

Abb. 5 Mineral- und Thermalwässer schweizerischer Badekurorte.

MINERAL- UND THERMALWÄSSER IN KURORTEN

Für die nicht als Lebensmittel abgefüllten, aber in Kurorten vor allem für Badezwecke verwendeten Mineral- und Thermalwässer (Abb. 5) gibt es in der Schweiz keine gesetzlichen Vorschriften mehr. In der benachbarten Bundesrepublik Deutschland sind die vom Deutschen Bäderverband herausgegebenen Richtlinien massgebend. Sie können auch zur *Charakterisierung der Mineral- und Thermalwässer schweizerischer Badekurorte* beigezogen werden, wenn wir die im deutschen Bäderwesen traditionelle Angabe der Mineralisation als Massenanteil mg/kg durch die bei uns gebräuchliche Massenkonzentration mg/l ersetzen. Ausser der erwähnten chemischen Klassierung nach den Hauptbestandteilen werden balneologisch besonders wirksame Bestandteile oder Eigenschaften erwähnt, sofern sie die folgenden Werte überschreiten:

Eisenhaltige Wässer
  20 mg/l Eisen
Jodhaltige Wässer
  1 mg/l Jod
Schwefelhaltige Wässer
  1 mg/l Sulfidschwefel (S)
Fluoridhaltige Wässer
  1 mg/l Fluorid
Radonhaltige Wässer
  666 Bq/l (18 nCi/l) Radon
Kohlensäure Wässer oder Säuerlinge
  1000 mg/l Kohlendioxid (gelöst)
Thermen
  20 °C (natürliche Temperatur)
Solen
  5,5 g/l Natrium und 8,5 g/l Chlorid
  (je 240 mmol(eq)/l)

Nach den Richtlinien ist zum Beispiel das erwähnte Wasser von Lavey-les-Bains mit einer Temperatur von 62°C und einer Schwefelwasserstoff-Konzentration von 4 mg/l eine schwefelhaltige Natrium-Sulfat-Chlorid-Therme.

Die Bestandteile und Eigenschaften, welche nach den Richtlinien des Deutschen Bäderverbandes namengebend sein können, machen es verständlich, dass *für ein Lebensmittel und für ein Kurmittel unterschiedliche Anforderungen an ein Mineralwasser* gestellt werden: Zum Beispiel ist Schwefelwasserstoff (Sulfidschwefel) ein bei Badekuren therapeutisch wirksamer Bestandteil, wegen seines Geruchs aber im Mineralwasser als Getränk höchst unerwünscht. Solen, wie sie für Badekuren verwendet werden, sind wegen ihres hohen Salzgehaltes als Getränk völlig ungeeignet. Sodann hat ein in Flaschen abgefülltes Thermalwasser, wenn es den Konsumenten erreicht, seine natürliche Wärme längst verloren, weshalb der Begriff Therme für das als Getränk abgefüllte natürliche Mineralwasser kein namengebender Begriff ist. Erhöhte natürliche Temperaturen eines Wassers bezeugen aber dessen tiefe Herkunft und sind deshalb bei der Qualitäts-Beurteilung eines abgefüllten Mineralwassers trotzdem gebührend in Betracht zu ziehen.

Die Mineral- und Thermalwasserprovinzen der Schweiz und ihre Kurorte (Abb. 6)

JURA

Grundgebirge und älteste Sedimente der Nordschweiz. In der Nordschweiz sind die nach Süden abtauchenden kristallinen Gesteine des Schwarzwaldes mit einer sedimentären Schichtenfolge bedeckt, deren älteste Formationen zum Karbon, zum Perm und zum Buntsandstein (Untere Trias) gehören.

Das erstmals 1913 erbohrte und 1955 neu erschlossene Thermalwasser von *Zurzach* tritt zum Teil aus dem Buntsandstein, zur Hauptsache aber aus dem hier direkt darunter folgenden Granit in die zwei Bohrlöcher ein. Es ist mit rund 1000 mg/l schwächer mineralisiert als die Buntsandstein-Rotliegend-Wässer der gleichen Region und ist nach seinen Hauptbestandteilen ein Natrium-Sulfat-Hydrogenkarbonat-Chlorid-Wasser.

Das Mineral Fluorit, das in dem mit den Bohrungen durchfahrenen Buntsandstein vorkommt, spiegelt sich in dem mehr als 10 mg/l betragenden Fluorgehalt des Wassers wieder. Die Temperatur des Zurzacher Thermalwassers von 39,3 °C, welche bei einer Tiefe der Zuflüsse von 407–430 m eine geothermische Tiefenstufe von nur etwa 14 m/°C ergäbe, weist auf einen Zufluss aus noch grösserer Tiefe hin.

Unsere Kenntnisse über die Tiefengrundwässer der Nordschweiz wurden in jüngster Zeit durch die Bohrungen der Nationalen Genossenschaft für die Lagerung radioaktiver Abfälle (Nagra) beträchtlich erweitert. Chemisch eng mit dem Zurzacher Thermalwasser verwandte Wässer wurden in höheren Teilen des kristallinen Grundgebirges der Nagra-Bohrungen *Leuggern, Böttstein* und *Kaisten* angetroffen. Damit zeichnet sich ein zusammenhängendes Tiefengrundwasservorkommen ab, in welchem bei verhältnismäs-

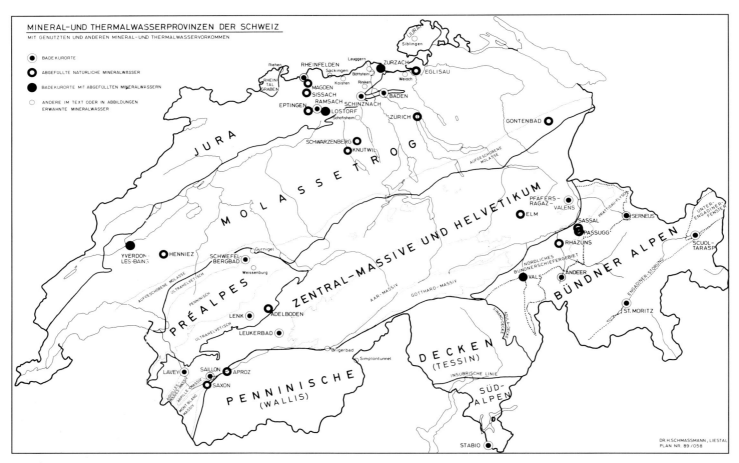

Abb. 6 Mineral- und Thermalwasserprovinzen der Schweiz, mit genutzten Mineral- und Thermalwasservorkommen.

sig kleiner Gesamtmineralisation ein Ionenaustausch stattgefunden hat, so dass Natrium das überwiegende Kation ist, im Gegensatz zu Kochsalzlösungen aber das Chlorid gegenüber Sulfat und Hydrogenkarbonat zurücktritt. Hydrogeologisch können diese Wässer mit einem regionalen Fliesssystem interpretiert werden (Abb. 7), dessen Wasser im Südschwarzwald eingespeist wird, unter der Sedimentdecke des Tafeljuras eine ungefähr ost-westliche Strömungsrichtung hat und oberhalb Bad Säckingen in den Rhein ausfliesst. Die unterirdische Verweilzeit ist auf mehr als 10 000 Jahre zu veranschlagen.

Südlich des zusammenhängenden Vorkommens der verhältnismässig schwach mineralisierten Wässer ist in den kristallinen Sockel des Tafeljuras ein Sedimenttrog mit mehreren tausend Meter mächtigen permischen und karbonischen Ablagerungen eingetieft. Aus dem Perm der Nagra-Bohrungen *Weiach* (1401–1416 m) und *Riniken* (1354–1369 m; Abb. 7) sind die Wässer mit den höchsten Konzentrationen an gelösten Bestandteilen in der ganzen Schweiz gefördert worden. In einer Probe erreichen sie mit 97,8 g/l das 2,7-fache der Konzentration von Meerwasser. Wir deuten die Wässer als Formationswässer, die aus Salzseen herzuleiten und in den mehr als 250 Millionen Jahren seit ihrem Einschluss in die Poren der Sedimente noch nicht vollständig durch versickerte Niederschlagswässer verdrängt worden sind. Einflüsse dieser stark mineralisierten Wässer machen sich auch unter dem Vorkommen der relativ schwach mineralisierten Wässer im tieferen Kristallin der Bohrung Böttstein geltend (Abb. 7).

Ein in der Schweiz ausserhalb der Alpen einzigartiges Mineralwasser traf 1983 eine 600 m tiefe Bohrung in *Rheinfelden* (Engerfeld) an. Das in einer Störungszone ab 342 m Tiefe aus Klüften in permischen Sedimenten und im kristallinen Grundgebirge mit einer Temperatur von 27°C artesisch aufsteigende Wasser hat mit gegen 1000 mg/l die höchste Kohlendioxid-Konzentration aller in der Schweiz nördlich der Alpen bekannten Wässer. Nach seiner vielseitigen Mineralisation (4,5 g/l) gehört es zum Natrium-Calcium-Hydrogenkarbonat-Sulfat-Chlorid-Typ.

Muschelkalk und Keuper der Nordschweiz. Die mit dem Buntsandstein beginnende Schichtenfolge der Trias setzt sich nach oben mit dem Muschelkalk und dem Keuper fort. (Als Muschelkalk wird eine Formationsgruppe bezeichnet, die nicht nur aus Kalken besteht.) Ablagerungen mit den Calciumsulfat-Gesteinen Gips und Anhydrit fin-

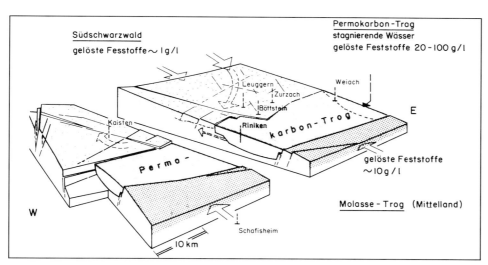

Abb. 7 Tiefengrundwässer im Kristallin und im Permokarbon-Trog der zentralen Nordschweiz (schematisches Blockdiagramm nach Nagra 1985).

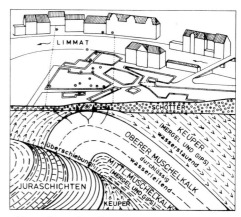

Abb. 9 Thermalquellen von Baden (nach P. Haberbosch).

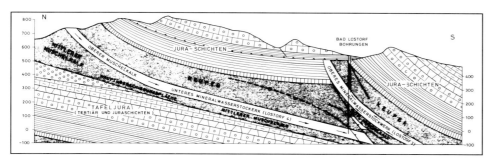

Abb. 8 Geologisches Profil durch den Faltenjura bei Lostorf-Bad (nach H. Schmassmann.)

den sich sowohl im Mittleren Muschelkalk als auch im Mittleren Keuper der Nordschweiz. Der Mittlere Muschelkalk enthält ausserdem die bekannten Steinsalzlager. Zwischen dem Mittleren Muschelkalk und dem Mittleren Keuper schaltet sich der aus Kalken und Dolomiten bestehende Obere Muschelkalk ein, der wegen seiner Klüftung und Verkarstung die bedeutendste wasserführende Felsformation der Nordschweiz ist, zu der auch noch der geringmächtige, vorwiegend dolomitische Untere Keuper gezählt wird.

Einige der genutzten Mineralquellen treten direkt aus den gips- und anhydritführenden Formationen aus, so das Calcium-Sulfat-Wasser, das im *Bad-Ramsach* neben der von Schweizerhalle zugeführten Natrium-Chlorid-Sole als örtliches Kurmittel benützt wird. In *Lostorf-Bad* (alte subthermale Gipsquelle), in *Eptingen* und in *Sissach* werden solche Calcium-Sulfat-Wässer als natürliche Mineralwässer abgefüllt oder zur Herstellung von Süssgetränken verwendet.

Durch Auflösung des Steinsalzlagers des Mittleren Muschelkalks mit in die Bohrlöcher eingeführtem Wasser erzeugen die Vereinigten Schweizerischen Rheinsalinen in Schweizerhalle und in Riburg hochkonzentrierte Natrium-Chlorid-Wässer, die Solen, welche in *Rheinfelden* nahe dem Produktionsort als Kurmittel dienen, aber auch in entfernten Kurorten, wie Bad-Ramsach und Breiten, zur Anwendung gelangen.

Die Kalke und Dolomite des *Oberen Muschelkalks* enthalten in der Nordschweiz die ergiebigsten Mineral- und Thermalwasservorkommen. Sie beziehen ihre Mineralisation zum Teil aus den darunter- und darüberliegenden Formationen des Mittleren Muschelkalks und des Keupers, zum Teil aus der wasserführenden Formation selbst.

Aus dem Oberen Muschelkalk am südlichen Rand des Faltenjuras stammt eine Reihe von Wässern, die u. a. durch ihren Schwefelwasserstoffgehalt charakterisiert sind.

In *Lostorf-Bad* hat man ein solches schwefelwasserstoffhaltiges Wasser, das zum Calcium-Magnesium-Sulfat-Typ gehört und rund 2500 mg/l gelöste feste Bestandteile enthält, in einem oberen Mineral- und Thermalwasser-Stockwerk einer von Süden aufsteigenden Schichtplatte angetroffen (Abb. 8). An der gleichen Stelle wurde mit einer tieferen Bohrung ebenfalls im Oberen Muschelkalk ein unteres Stockwerk erschlossen, aus dem am Bohrlochkopf ein nur rund 900 mg/l gelöste feste Bestandteile enthaltendes Calcium-Magnesium-Sulfat-Hydrogenkarbonat-Thermalwasser artesisch ausfliesst. Für dieses untere Stockwerk ist das Einzugsgebiet nördlich Lostorf zu suchen, wo der Obere Muschelkalk zur Erdoberfläche ansteigt. Das Beispiel zeigt, dass an ein- und derselben Stelle, aber in verschiedenen Tiefen, Mineralwässer unterschiedlicher Herkunft und Zusammensetzung vorkommen können und dass die tieferen Grundwässer nicht immer die stärker mineralisierten sind (Abb. 8).

Zu den Mineral- und Thermalquellen des südlichen Faltenjurarandes gehören auch das Calcium-Natrium-Sulfat-Chlorid-Thermalwasser von *Bad-Schinznach*, das in einer neuen Bohrung bis rund 2900 mg/l gelöste feste Bestandteile enthält, und schliesslich die Natrium-Calcium-Chlorid-Sulfat-Thermen von *Baden* und *Ennetbaden* mit rund 4500 mg/l gelösten festen Bestandteilen und einer Temperatur von 47°C. In Baden sind die schwefelwasserstoffhaltigen Thermalwässer in Schottern und Keuperschichten gefasst, in die Wasser durch Klüfte aus dem darunter im Kern der Lägernfalte hochgepressten Oberen Muschelkalk aufsteigt (Abb. 9). Tiefengrundwässer des Oberen Muschelkalks sind sodann aus Nagra-Bohrungen in Leuggern, Böttstein, Riniken, Schafisheim, Weiach und Siblingen gefördert worden. Das am stärksten mineralisierte Wasser des Natrium-Chlorid-Sulfat-Typs mit rund 15 300 mg/l gelösten festen Bestandteilen wurde mit der Bohrung *Schafisheim* unter den Molasse-, Jura- und Keuper-Schichten des Mittellandes in einer Tiefe von 1228–1293 m angetroffen. In diesem Muschelkalkwasser kommen auch sehr hohe Konzentrationen von Schwefelwasserstoff (743 mg/l) und Methan (143 mg/l) vor. Dies illustriert den Zusammenhang des für die Thermen des Faltenjurasüdrands (Lostorf-Bad, Bad-Schinznach, Baden) typischen Schwefelwasserstoffs mit dem Vorkommen von natürlichen Kohlenwasserstoffen im Untergrund des schweizerischen Mittellandes.

Im *Oberen Muschelkalk des Tafeljuras* wurden in jüngster Zeit mehrere natürliche Mineralwässer des Calcium-Magnesium-Sulfat-Hydrogenkarbonat-Typs mit rund 0,8–1,2 g/l gelösten Bestandteilen unter den sie bedeckenden undurchlässigen Keuperschichten bei *Magden* erbohrt.

Ausserhalb des Tafeljuras, am *Ostrand des Rheintalgrabens* haben Geothermiebohrungen bei *Riehen* in dem in der einen Sondierung über 1500 m tiefen Oberen Muschelkalk Grundwässer des Natrium-Chlorid-Typs (Solen) mit am Bohrlochkopf bis 65°C betragenden Temperaturen und Summen der gelösten festen Bestandteile bis rund 17 g/l angetroffen.

MITTELLAND

Westliches Mittelland. Im schweizerischen Mittelland (Abb. 6: Molassetrog) ist *Yverdon-les-Bains* der einzige Badekurort mit einer eigenen Fassung von Mineral- und Thermalwasser (Bad Schinznach und Baden-Ennetbaden gehören geologisch zum Jura.) Das zum Calcium-Magnesium-Hydrogenkarbonat-Typ gehörende Wasser mit einem Gehalt an gelösten mineralischen Bestandteilen von 380 mg/l und mit einer Temperatur von 28°C am Bohrlochkopf ist in der Nähe der schon von den Römern gefassten Quelle mit einer rund 600 m tiefen Bohrung in Jurakalken (Malm) neu erschlossen worden. Aus einer anderen Bohrung, welche die wasserführenden Jurakalke erst unter 607 m mächtigen Quartär-, Molasse- und Kreide-Schichten erreicht hatte, stammt das seit 1988 in Yverdon-les-Bains nunmehr unter dem Namen *Arkina* abgefüllte natürliche Mineralwasser. Es steigt aus 666 m Tiefe auf und fliesst artesisch aus. Wässer, die seitlich des heutigen Broyetals als Quellen aus Schottern austreten, werden in *Henniez* abgefüllt.

Zentrales und östliches Mittelland. Im zentralen und östlichen Mittelland zeigen die Analysen der in Mineralwasser-, Erdöl- und Nagra-Bohrungen angetroffenen Tiefengrundwässer, dass die Molasseablagerungen und die unter ihnen vorkommenden Jurakalke (Malm) drei übereinanderliegende Wassertypen enthalten (Abb. 10):

(1) Calcium-(Magnesium-)-Hydrogenkarbonat-Grundwässer aus nacheiszeitlichen bis ganz jungen Versickerungen.
(2) Natrium-Hydrogenkarbonat-Tiefengrundwässer aus Versickerungen während der Eiszeit.
(3) Natrium-Chlorid-Tiefengrundwässer aus einer Mischung von Formationswässern des ehemaligen Molassemeeres mit aus Niederschlägen, Flüssen oder Seen versickerten Wässern.

Ein als natürliches Mineralwasser abgefülltes Calcium-Hydrogenkarbonat-Wasser (Typ 1) ist zum Beispiel in *Schwarzenberg-Bad* bei Gontenschwil mit einem Stollen in Molassesandstein neu gefasst. Ein Natrium-Hydrogenkarbonatwasser (Typ 2) mit etwas über 1000 mg/l Mineralgehalt ist in *Zürich* in Molassesandsteinen bei 295-500 m erbohrt worden (Abb. 10) und wird unter dem Namen *Aqui* als natürliches Mineralwasser abgefüllt. Die zum Natrium-Chlorid-Typ (Typ 3) gehörenden Mineralwässer von *Eglisau* wurden erstmals 1822 bei einer erfolglosen Steinsalzbohrung angetroffen und später durch weitere Bohrungen erschlossen (Abb. 10).

Von Erdöl- und Nagra-Bohrungen ist bekannt, dass es im Untergrund des schweizerischen Mittellandes in tieferen Formationen als den Molassesedimenten und den Jurakalken (Malm) weitere Mineral- und Thermalwässer gibt, die aber nicht genutzt werden. Zu ihnen gehört zum Beispiel das aussergewöhnlich schwefelwasserstoffreiche Wasser des Muschelkalks der Bohrung Schafisheim, auf das wir bereits hingewiesen haben.

ALPEN

Préalpes. Aus ehemals viel südlicheren Ablagerungsräumen sind bei der alpinen Gebirgsbildung gewaltige Sedimentmassen über die Zentralmassive hinaus in das Gebiet zwischen Savoyen und Thunersee verfrachtet worden. In Trias-Zonen dieser als Préalpes (Abb. 6) bezeichneten Decken sind Calcium-Sulfat-Wässer wegen der Gipsvorkommen ähnlich wie im Gebiet der Triasvorkommen des Juras stark verbreitet. Sie enthalten häufig auch Schwefelwasserstoff. Kurorte, die solche Wässer anwenden, sind *Lenk* im Simmental und *Schwefelberg-Bad* (Abb. 11). Die Quelle des ehemaligen Gurnigelbads und die früher abgefüllte Thermalquelle von Weissenburg beziehen ihre Mineralisation ebenfalls zur Hauptsache aus der Trias der Préalpes (Abb. 11). In *Adelboden* wird ein Mineralwasser des Calcium-Sulfat-Typs abgefüllt.

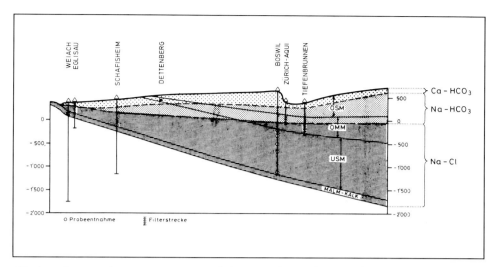

Abb. 10 Verbreitung der Wassertypen im nordschweizerischen Molassetrog (Kantone Aargau und Zürich). Schematisches Sammelprofil mit 5-facher Überhöhung (nach H. Schmassmann aus Nagra-Sedimentstudie). OSM = Obere Süsswassermolasse, OMM = Obere Meeresmolasse, USM = Untere Süsswassermolasse.

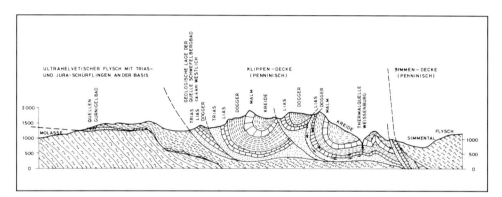

Abb. 11 Geologisches Profil durch das Gebiet der Mineralquellen von Gurnigelbad, Schwefelberg-Bad und Weissenburg.

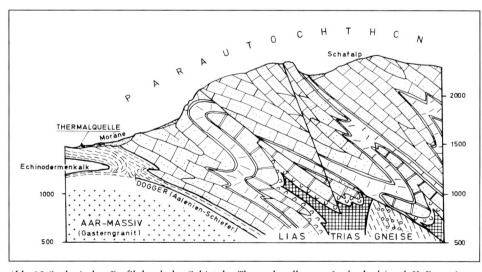

Abb. 12 Geologisches Profil durch das Gebiet der Thermalquellen von Leukerbad (nach H. Furrer).

Zentralmassive und Helvetikum. In zwei Kulminationen ist der kristalline Sockel der Alpen als Zentralmassive durch die Erosion freigelegt: In der Zentralschweiz das Aarmassiv und das Gotthardmassiv, in der Westschweiz das Aiguilles-Rouges- und Arpillemassiv und das Montblanc-Massiv. Über ihren Nordrändern und über ihren axial abfallenden Enden sind die Massive noch mit den wenig dislozierten Sedimenten bedeckt, die man als autochthon und parautochthon bezeichnet und die zusammen mit den weiter nach Norden verfrachteten helvetischen Dekken das sogenannte Helvetikum bilden (Abb. 6). Die Zentralmassive und ihr autochthoner bis parautochthoner Sedimentmantel zeichnen sich durch mehrere Thermen aus: Lavey-les-Bains, Saxon, Saillon, Leukerbad, Brigerbad und Bad Ragaz-Pfäfers.

Drei dieser Thermen, nämlich Lavey-les-Bains, Saxon und Brigerbad, entspringen im Kontakt kristalliner Kerne mit den sie umhüllenden Sedimenten.

Das verhältnismässig schwach mineralisierte thermale Wasser von *Saxon* tritt am Südrand des Montblanc-Massives aus dessen Sedimenthülle und wird als natürliches Mineralwasser abgefüllt.

Die Therme des Kurortes *Lavey-les-Bains* steigt dort auf, wo Schuppen von Trias-, Jura- und Kreideschichten das südlich angrenzende Aiguilles-Rouges-Massiv bedecken. Sie ist 1972 mit einer 200 m tiefen Bohrung neu gefasst worden. Die Erwärmung auf die hohe Temperatur von 62–63°C zeigt, dass das Wasser sehr tiefe Kluftbereiche durchflossen hat. Es handelt sich um ein Natrium-Sulfat-Chlorid-Wasser mit 1320 mg/l gelösten festen Bestandteilen, deren Zusammensetzung auf einen Zufluss aus der Trias, wahrscheinlich auch aus deren salzführenden Formationen in den Préalpes des Gebietes von Bex, und auf Ionenaustauschprozesse hinweist.

Im jungen Badekurort *Saillon* tritt Thermalwasser aus dem parautochthonen Sedimentmantel des gegen Nordosten untergetauchten Arpillemassivs aus.

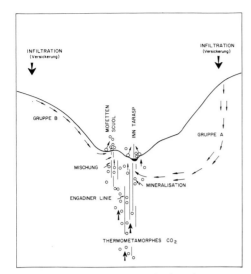

Abb. 13 Vereinfachtes unterirdisches Fliesssystem der Säuerlinge von Scuol und Tarasp (nach Schotterer et al. modifiziert).

In *Leukerbad* stammen die Thermalwässer aus dem Sedimentmantel des axial gegen Südwesten abtauchenden Aarmassivs. Das Einzugsgebiet dieser Quellen, deren wärmste eine Temperatur von 51° C erreicht, ist östlich des Kurorts im Gebiet der parautochthonen Falten der Torrenthorn-Majinghorn-Gruppe zu suchen, wo die Niederschläge in durchlässige Quarzitsandsteine und Kalke des Lias (Unterer Jura) versickern (Abb. 12). Die Mineralgehalte von 1800–2000 mg/l verdanken die Calcium-Sulfat-Wässer dem Zusammentreffen mit dem gipsführenden Trias-Kern der ihr Einzugsgebiet bildenden Falten. Unter dem Faltenkomplex der durchlässigen Lias-Gesteine wird das Wasser auf Schiefern des Unteren Doggers (Mittlerer Jura) gestaut, so dass es zum Aufstieg gezwungen wird und in Leukerbad an rund 30 Stellen zu Tage tritt (Abb. 12).

Eine ähnliche geologische Situation wie in Leukerbad finden wir in *Pfäfers*, wo das Aarmassiv gegen Nordosten unter seinen parautochthonen Sedimentmantel abgetaucht ist. Die in den Kurorten *Bad Ragaz* und *Valens* genutzte, 37° C warme Thermalquelle entspringt in Kreidekalken auf einer die tief eingeschnittene Taminaschlucht querenden

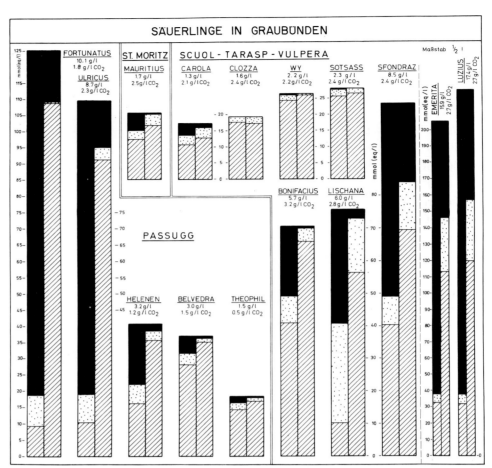

Abb. 14 Säuerlinge in Graubünden.

Störungszone. In einem nicht sicher bekannten, aber zweifellos westlich von Pfäfers gelegenen Einzugsgebiet gelangen versickerte Niederschlagswässer in grosse Tiefen, aus welchen das erwärmte Wasser in den Kalken durch Karsthohlräume aufsteigt. Chemisch ist es ein Calcium-Magnesium-Natrium-Hydrogenkarbonat-Wasser mit einem niederen Gehalt von rund 410 mg/l gelösten festen Bestandteilen.

Ein nicht thermales Calcium-Hydrogenkarbonat-Wasser mit einem Mineralgehalt von rund 500 mg/l tritt bei *Elm* aus parautochthonen Flysch-Gesteinen aus und wird als natürliches Mineralwasser abgefüllt.

Penninische Decken im Wallis und Tessin. Aus den bei der alpinen Gebirgsbildung südlich der Zentralmassive und der helvetischen Alpen zurückgebliebenen penninischen Decken kennt man im Wallis und im Tessin mehrere Mineral- und Thermalwässer. Zum Beispiel traf man beim Bau des *Simplontunnels* unter einer Gebirgsbedeckung von 1700 m Thermalwässer mit Temperaturen von 30–49°C und einer Ergiebigkeit von 300 Litern pro Sekunde an. Badekurorte gibt es in diesem Teil der Alpen nicht mehr. Die Calcium-Magnesium-Sulfat-Wässer einiger in *Aproz* VS gefassten Quellen werden als natürliches Mineralwasser abgefüllt.

Bündner Alpen. In den penninischen und ostalpinen Decken der Bündner Alpen finden sich auch Trias-Schichten, die wie in anderen Gebieten der Schweiz Gips enthalten und deshalb zur Entstehung von Calcium-Sulfat-Wässern Anlass geben. Das von Natur aus subthermale (19°C), für die Badekuren dann stärker temperierte Calcium-Sulfat-Wasser des Kurorts *Andeer* bezieht derart seinen hohen Gehalt an gelösten festen Bestandteilen aus der Lösung von Gips und vermag sich unter den hohen Bergen zu erwärmen.

In *Vals* ist Thermalwasser (30°C), das als natürliches Mineralwasser abgefüllt und als Kurmittel verwendet wird, 1980 mit einer 95 m tiefen Bohrung in den mit Gips verknüpften triasischen Dolomiten und Marmoren neu gefasst worden. Auf den Bergen der westlichen Talseite versickernde Niederschlagswässer werden in den durchlässigen Gesteinen tief in das Innere geleitet, wo sie erwärmt und vorwiegend mit dem aus Gipsgestein gelösten Calcium-Sulfat mineralisiert werden. Mit der Ergiebigkeit von 600 Litern per Minute und mit 1925 mg/l gelösten festen Stoffen ergaben Berechnungen, dass pro Jahr fast 250 m^3 festes Gestein in Lösung gehen. Da man annehmen darf, dass die Thermalquelle seit gut 2000 Jahren läuft, so hat sie im Berginnern bereits etwa 500 000 m^3 festes Gestein, entsprechend einem Würfel von rund 80 m Kantenlänge, herausgelöst.

Ausserhalb des Gebiets der Trias-Vorkommen entspringt in *Serneus* ein schwefelwasserstoffhaltiges Calcium-Natrium-Magnesium-Hydrogenkarbonat-Wasser aus penninischen Flyschserien.

Die Bündner Alpen zeichnen sich vor allem durch eine grosse Zahl von *Säuerlingen* aus. Das in diesen Wässern in hohen Konzentrationen gelöste Kohlendioxid ist bei der Gesteinsmetamorphose freigesetzt worden, ist aus den grossen Tiefen, wo es entstand, als Gas aufgestiegen und hat sich den durch die Versickerung von Niederschlägen gespeisten Grundwässern beigemischt. Überschüssiges Kohlendioxid, das im Wasser nicht gelöst werden konnte, entströmt als freies Quellgas zusammen mit den Quellen oder, wie bei Scuol, unabhängig von diesen als Mofetten dem Untergrund.

Mehrere Säuerlinge finden sich südlich der Rheintalfurche im nördlichen Bündnerschiefergebiet, wo *Rhäzüns, Passugg,* und *Sassal* die bekanntesten Quellorte sind. Die schwächer mineralisierten dieser Wässer mit rund 1300–1800 mg/l gelösten festen Bestandteilen und natürlicherweise mit rund 500–600 mg/l gelöstem Kohlendioxid-Gas gehören zum Calcium-Hydrogenkarbonat-Typ und enthalten zum Teil auch Magnesium und Natrium als namengebende Bestandteile; sie werden als natürliche Mineralwässer abgefüllt. In Passugg treten zudem Säuerlinge mit höheren Konzentrationen an gelösten festen Bestandteilen aus. Der am stärksten mineralisierte unter ihnen enthält mehr als 10 000 mg/l gelöste feste Bestandteile und 2300 mg/l gelöstes Kohlendioxid; er gehört zum Natrium-Hydrogenkarbonat-Typ.

Die Säuerlinge von *Bad Scuol* und *Tarasp* entspringen im Bündnerschiefergebiet des sogenannten Unterengadiner Fensters, wo infolge einer Aufwölbung ein tieferes Stockwerk des Alpengebirges als in den umgebenden Bergen freigelegt ist. Der Gas-Aufstieg wird wahrscheinlich durch Klüfte begünstigt, die zu der im Gebirgsbau ein bedeutendes Strukturelement bildenden Engadiner Störung gehören (Abb. 6 und 13). Das durch Versickerung von Niederschlägen entstehende und in Klüften zirkulierende Grundwasser vermischt sich mit dem aus der Tiefe aufsteigenden Kohlendioxid und kann dadurch vermehrt mineralische Stoffe aus den Gesteinen lösen. Unter den Wässern lassen sich zwei Haupttypen unterscheiden. Der eine Typ sind die Calcium-Hydrogenkarbonat-Säuerlinge der linken Talflanke in Scuol mit einem vergleichsweise eher niedrigen Gesamtmineralgehalt zwischen rund 1500 und 2800 mg/l und mit 2200–2400 mg/l gelöstem Kohlendioxid-Gas. Nach Tritium-Messungen beträgt die mittlere unterirdische Verweilzeit der Wässer dieser Gruppe 4–6 Jahre. Der andere Typ hat längere unterirdische Verweilzeiten und ist im Extremfall durch vorherrschende Natrium- und Hydrogenkarbonat-Ionen charakterisiert, wobei zusätzlich vor allem noch Calcium-, sowie Chlorid- und Sulfat-Ionen zu den sehr hohen Konzentrationen an gelösten festen Bestandteilen beitragen. In der Lucius-Quelle von *Tarasp* betragen diese seit Beginn des Jahrhunderts, als die ersten modernen Analysen ausgeführt wurden, konstant rund 17 200–17 400 mg/l.

Ein von den Unterengadiner Säuerlingen räumlich getrenntes Vorkommen von Kohlendioxidwasser treffen wir im Oberengadin an: Über der bedeutenden Engadiner Störung (Abb. 6), auf welcher das Kohlendioxid auch hier aus der Tiefe aufsteigen dürfte, entspringt aus Spalten im Granit die Mauritius-Quelle von *St.Moritz-Bad*. Die in das Kristallin eingeklemmten Sedimente machen es verständlich, dass dieser 2500 mg/l Kohlendioxid enthaltende Säuerling eine ähnliche Beschaffenheit wie Wässer der Bündnerschiefergebiete hat. Er ist hier durch vorwiegende Calcium- und Hydrogenkarbonat-Ionen sowie durch seinen Eisengehalt charakterisiert.

Südalpen. Die Südalpen sind vom alpinen Deckengebirge durch eine gewaltige Bruchzone, die Insubrische Linie (Abb. 6), getrennt und von der alpinen Gebirgsbildung wenig betroffen. Die im Erdmittelalter (Mesozoikum) entstandenen Sedimente fallen im äussersten Süden der Schweiz steil unter die jüngeren Ablagerungen der Poebene ab. Dort entspringen ihnen in *Stabio* Natrium-Hydrogenkarbonat-Wässer mit rund 800–1200 mg/l Gesamtmineralgehalt, ähnlich denen des schweizerischen Mittellandes kennen. Sie werden in Stabio zu Badekuren verwendet.

Heilbäder und Krankenkassen

Karl Kunz

ALLGEMEINES

Die Erfolge der physikalischen und balneologischen Therapien haben zu einer regen Beanspruchung des vorhandenen Angebotes geführt. Die Krankenkassen anerkennen schon lange die Leistungen der Heilbäder und Rheuma- und Rehabilitationskliniken, wenn deren therapeutischen Möglichkeiten gezielt eingesetzt werden, da damit die Rehabilitation des Patienten wesentlich unterstützt werden kann und teilweise sogar Spitalaufenthalte verkürzt werden können.

Die verschiedenen Formen der «Badekur» und die unterschiedlichen Gründe, die den einzelnen zur Benützung des Heilbäderangebotes führen, ergeben im Zusammenhang mit dem Leistungsauftrag der Krankenkassen manchmal gewisse Reibungspunkte. So kommt den Heilbädern beispielsweise im ganzen Bereich der Gesundheitsförderung und der Prophylaxe eine wichtige Stellung zu. Die Leistungspflicht der Krankenkassen beschränkt sich demgegenüber hier, wie auch in anderen Bereichen, auf die Massnahmen zur Heilung oder Linderung von Krankheits- und Unfallfolgen. Das Konkordat der Schweizerischen Krankenkassen (KSK) erarbeitete deshalb in Zusammenarbeit mit verschiedenen Fachorganisationen «Richtlinien über die Leistungen der Krankenkassen bei Bade- und Erholungskuren sowie bei stationären Behandlungen in Rheuma- und Rehabilitationskliniken». Folgende Organisationen haben diesen Richtlinien zugestimmt: Arbeitsgemeinschaft der Rheuma- und Rehabilitationskliniken, Schweizerische Gesellschaft für Balneologie und Bioklimatologie (SGBB), Schweizerische Gesellschaft für Physikalische Medizin, Schweizerische Gesellschaft für Rheumatologie, Verband Schweizer Badekurorte (VSB) und die Verbindung der Schweizer Ärzte (FMH). Die Richtlinien umschreiben die besonderen Leistungsvoraussetzungen, bezeichnen die Heilbäder, welche die Mindestanforderungen der Schweizerischen Gesellschaft für Balneologie und Bioklimatologie erfüllen, und nennen die Indikationen und Kontraindikationen der Heilbäder. Diesen Richtlinien kommt das Verdienst zu, dass sie helfen, die Qualität der «Badekuren» sicherzustellen und die Krankenkassen vor ungerechtfertigten Badekurkosten zu schützen.

Die Leistungen der Krankenpflegeversicherung umfassen grundsätzlich drei Formen:
1. Die Übernahme der Kosten der *ambulanten Behandlung* nach den gesetzlichen und vertraglichen Bestimmungen;
2. die Übernahme der Behandlungskosten bei *Aufenthalt in einer Heilanstalt*;
3. Die Entrichtung eines *täglichen Kurbeitrages bei ärztlich verordneten Badekuren* als Pauschalentschädigung. Dieser Beitrag beträgt von Gesetzes wegen zurzeit wenigstens Fr. 10.—. Weitergehende Leistungen der Krankenkassen können sich aufgrund der reglementarischen Bestimmungen sowie aus allfälligen Zusatzversicherungen ergeben.

BADEKUR MIT AUFENTHALT AN EINEM BADEKURORT

Eine Badekur nach Art. 12 Abs. 2 Ziff. 3 des Krankenversicherungsgesetzes (KVG) liegt vor, wenn der Versicherte die ärztlich verordneten Therapien in einem ärztlich geleiteten Heilbad zu absolvieren hat und hiefür ausserhalb seines Wohnortes Unterkunft nehmen muss. Sie wird vom behandelnden Arzt zur Heilung oder Linderung von Krankheits- oder Unfallfolgen bei mobilen Versicherten ohne Pflege- oder Abklärungsbedürftigkeit verordnet. Die Badekur wird stationär am Badekurort ausgeführt und umfasst die dort von einem Arzt verordneten und kontrollierten balneologischen und physiotherapeutischen Behandlungen.

Präventiv-Badekuren, die also nicht mit der Heilung oder Linderung von Krankheits- oder Unfallfolgen in Zusammenhang stehen, gehören nicht zu den Pflichtleistungen der Krankenkassen.

Zwischen Versicherten und Krankenkassen entstehen manchmal Meinungsverschiedenheiten über die Ausrichtung des Badekurbeitrages bei sogenannten «ambulanten Badekuren» in Thermalschwimmbädern vom Wohnort des Patienten aus. In diesen Fällen besteht kein Anspruch auf den Badekurbeitrag. Die Krankenkassen übernehmen aber die ärztlich verordneten Behandlungen nach den gesetzlichen und vertraglichen Bestimmungen.

Folgende *Voraussetzungen* müssen für die Entrichtung des Badekurbeitrages erfüllt sein:

a) Die Badekur mit Aufenthalt an einem Badekurort muss *ärztlich verordnet* sein. Die ärztliche Verordnung muss durch einen am Wohnort des Versicherten oder in dessen Umgebung praktizierenden Kassenarzt erfolgen.

b) Die Unterkunft des Versicherten muss sich in einem anerkannten, ärztlich geleiteten Heilbad oder in dessen unmittelbarer Nähe befinden. Dabei ist unerheblich, ob der Versicherte in einem Hotel, einer Pension, einer Ferienwohnung oder in einem Privatzimmer wohnt. Aus medizinischen Gründen muss eine Unterkunft auf Campingplätzen abgelehnt werden.

c) Bei der Verordnung von Badekuren sind die Indikationen und Kontraindikationen der Heilbäder zu berücksichtigen. Bei den Indikationen gibt es auch solche, die nur eine bedingte Leistungspflicht der Krankenkassen bewirken. Diese Indikationen bedingen eine Abklärung und Bewilligung durch den Vertrauensarzt. Die übrigen Fälle gelten als Erholungskuren.

Zum *praktischen Vorgehen* für die Geltendmachung des Badekurbeitrages bei der Krankenkasse ist folgendes zu beachten:

a) Das Kurgesuch muss vor Antritt der Badekur zusammen mit der ärztlichen Verordnung eingereicht werden.

b) Der Badekurbeitrag wird erst nach Einsichtnahme in die Kurbescheinigung und in sämtliche Rechnungen für ärztliche Behandlung, Kuranwendung, Unterkunft und Verpflegung ausgerichtet.

c) Der tägliche Kurbeitrag ist eine Pauschalentschädigung und bezieht sich nur auf die Behandlung des Leidens, das zur Verordnung der Badekur Anlass gegeben hat. Für die allfällig nötige Abklärung und Behandlung anderer Krankheiten, die während der Badekur auftreten, hat die Krankenkasse zusätzlich aufzukommen.

STATIONÄRE BEHANDLUNG IN EINER RHEUMA- UND REHABILITATIONSKINIK

Sehr weitgehende Krankenkassenleistungen werden bei einer stationären Behandlung in einer Rheuma- und Rehabilitationsklinik erbracht. Die Voraussetzungen für die Einweisung in eine solche Klinik und die Kostenübernahme durch die Krankenkassen sind an strenge Voraussetzungen gebunden. Da die Krankenkassen bei einer Badekur im engeren Sinne lediglich einen Kurbeitrag entrichten, bei der stationären Behandlung in einer Rheuma- und Rehabilitationsklinik aber grundsätzlich die vollen Behandlungs- und Aufenthaltskosten wie bei einem Aufenthalt in einem Akutspital übernehmen, entstehen in der Praxis nicht selten Meinungsverschiedenheiten darüber, ob die Voraussetzungen für eine stationäre Behandlung in einer Rheuma- und Rehabilitationsklinik im konkreten Fall erfüllt sind.

Eine stationäre Behandlung in einer Rheuma- und Rehabilitationsklinik wird vom behandelnden Arzt verordnet, wenn zur Heilung oder Linderung von Krankheits- oder Unfallfolgen eine intensive physikalische und balneologische Behandlung bei bewegungs- oder gehbehinderten oder pflegebedürftigen Patienten und/oder solchen, die ständiger ärztlicher Überwachung oder einer Abklärung unter Spitalbedingungen bedürfen, notwendig ist. Der Schweregrad des Hauptleidens resp. das Vorliegen von weiteren komplizierenden Krankheiten sind dabei wesentlich. Über die Kliniken, die die Voraussetzungen für die Behandlung solcher Patienten erfüllen, wird ein Verzeichnis geführt.

Damit die gesetzlichen Heilanstaltsleistungen sowie die statutarischen Leistungen aus Spitalzusatzversicherungen gewährt werden können, muss die Behandlung in einer anerkannten Rheuma- und Rehabilitationsklinik erfolgen und die Spitalbedürftigkeit des Versicherten im Sinne der erwähnten Kriterien erwiesen sein. Die Spitalbedürftigkeit muss vom einweisenden Arzt bzw. von der ärztlichen Leitung der Klinik schriftlich bestätigt werden. Kann die Spitalbedürftigkeit eines Versicherten erst im Verlaufe der Behandlung festgestellt werden, ist die Krankenkasse bzw. deren Vertrauensarzt durch die Klinikleitung schriftlich zu verständigen. Im Zweifelsfalle hat der Vertrauensarzt nach Rücksprache mit dem einweisenden Arzt und der Klinikleitung zu entscheiden. Im Unterschied zur oben beschriebenen Badekur wird hier ein Spitalaufenthalt verschrieben, weil der Versicherte eine Behandlung unter Spitalbedingungen benötigt. Ausgeschlossen ist deshalb, dass der Versicherte sich während einer solchen Behandlung in einem Hotel beherbergen lässt. Begibt sich ein Versicherter trotz einer ärztlich bestätigten Spitalbedürftigkeit in ein Hotel, so werden von der Krankenkasse keine Heilanstaltsleistungen, sondern lediglich Kurbeiträge entrichtet.

Die Schweizer Heilbäder eignen sich für eine Reihe von Indikationen zur Behandlung von Krankheits- und Unfallfolgen. Werden sie vom Arzt gezielt verordnet und wird dabei ihren unterschiedlichen Möglichkeiten und Zweckbestimmungen sowie den differenzierten Bedürfnissen der Patienten genügend Rechnung getragen, kommt ihnen auch aus der Sicht der Krankenkassen eine bedeutsame Rolle im Gesundheitswesen zu.